# 中国企业
# 品牌竞争力
## 测评研究

李海鹏◎著

RESEARCH ON
MEASUREMENT OF CHINESE ENTERPRISE
BRAND COMPETITIVENESS

经济管理出版社
ECONOMY & MANAGEMENT PUBLISHING HOUSE

图书在版编目（CIP）数据

中国企业品牌竞争力测评研究/李海鹏著 . —北京：经济管理出版社，2021.8
ISBN 978 - 7 - 5096 - 8212 - 8

Ⅰ . ①中…　Ⅱ . ①李…　Ⅲ . ①企业管理—品牌战略—研究—中国　Ⅳ . ①F279. 23

中国版本图书馆 CIP 数据核字（2021）第 159611 号


责任编辑：胡　茜　詹　静
责任印制：黄章平
责任校对：董杉珊


出版发行：经济管理出版社
　　　　　（北京市海淀区北蜂窝 8 号中雅大厦 A 座 11 层 100038）
网　　址：www. E - mp. com. cn
电　　话：（010）51915602
印　　刷：北京虎彩文化传播有限公司
经　　销：新华书店
开　　本：720mm × 1000mm/16
印　　张：12. 75
字　　数：200 千字
版　　次：2021 年 8 月第 1 版　　2021 年 8 月第 1 次印刷
书　　号：ISBN 978 - 7 - 5096 - 8212 - 8
定　　价：78. 00 元

# 前　言

2020 年中国国内生产总值突破一百万亿元，进入世界 500 强的公司数量达到 133 家，一批大企业具备了成为具有全球竞争力的世界一流企业的基础和条件。2019 年中国籍消费者以占世界 35% 奢侈品消费高居全球第一，但是中国进入世界品牌 100 强的民族品牌屈指可数。中国企业的竞争实力较跨国企业差距很大，从产业价值链分工视角看来：欧美等发达地区的企业处于产业价值链分工的技术研发和品牌营销环节，且获得了高额的附加价值；而后进地区的企业处于产业价值链的生产制造环节，如世界 70% 消费品在中国制造，而中国却背负着"世界加工厂"和"廉价打工仔"的无奈，发展结局是较低的附加值和行业安全风险系数不断攀升。而且中国低层次制造弊端日益彰显，人口红利期的劳动力低成本优势逐步丧失，自主创新、增加附加值、打造自主品牌已迫在眉睫。

时至今日，拥有国际知名品牌的多少成为评价一个国家国际竞争力与经济实力的重要指标。党的十八大的报告、十八届三中全会和十八届四中全会均明确提出要塑造一批具有国际竞争力的自主品牌企业，分享国际产业价值链中的高附加值成果。2014 年习近平总书记"推动中国制造向中国创造转变、中国速度向中国质量转变、中国产品向中国品牌转变""三个转变"重要指示，打造自主品牌已经上升至国家战略的高度，品牌是我国实现由"经济大国"向"经济强国"转变的必要条件和重要标志。本书认为自主品牌建设在转变经济增长方式中具有标志性作用，品牌是"中国制造"向"中国创造"、由"经济大国"向"经济强国"转变的标志性符号。然而，关于品牌竞争力的理论研究远远落后于实际，企业界亟须一套中国情境的品牌管理理论体系，学术界对于中国本土企业品牌竞争力的监测提供必要的理论支撑义不容辞，这也正是本书研究的核心问题，即如何科学化、系统化、本土化测评中国自主企业品牌竞争力，这项研究具有十分重要的实践意义和学术意义。

基于研究问题，本书对国内外核心期刊、相关著作的理论成果进行梳理，得到了很多启示，同时也发现了一些不足，本书将在以下五个方面展开对品牌竞争力测评的探索：①由单一要素决定论向多元要素综合论转变的测评视角探索；②由财务静态表现指标向非财务动态解释指标转变的测评内容探索；③由多层次加权分析向多变量结构分析转变的测评机理探索；④由西方既有成果引入向中国情境理论创新的测评情境探索；⑤由品牌资产绝对值向品牌竞争力指数相对值转变的测评方法探索。现实需求和理论研究之间的缺口为本书提供了以上五种新的研究视角。

基于扎根理论的企业品牌竞争力测评质性分析、量表开发和消费品类企业实证分析三个层层递进的研究，本书的主要结论和潜在创新有以下几点：

第一，本书以扎根理论为指导，采用质性分析方法探讨企业品牌竞争力评价的因素，通过开放式译码、主轴译码以及选择性译码，在保证效度分析和信度分析合格的基础上得出企业品牌竞争力形成的无维度结构模型。

第二，质性研究的数据分析发现，单一财务维度的数据早已不足以解释与掌握企业品牌竞争力，不能反映品牌未来的发展趋势。本书的突破之一是增加了品牌发展的基础性要素等非财务性指标，弥补了单一财务评价的片面性。

第三，借鉴以往品牌竞争力学者的研究成果对质性研究结论进行理论饱和分析，添加了文化塑造、社会责任、品牌炫耀性等指标。通过小样本的问卷预检验的信度和效度检验，通过对大样本数据进行探索性因子分析和验证性因子分析来对正式量表的信度和效度进行检验，构建了中国自主企业品牌竞争力测评量表。

第四，本书在结构方程模型验证和路径分析基础上构建企业品牌竞争"五力测评"机理模型，该模型包含从品牌塑造力到品牌支持力再到品牌资本力的横向作用链，从品牌发展力到品牌支持力再到品牌市场力的纵向作用链，从品牌发展力到品牌塑造力到品牌市场力再到品牌资本力的环向作用链，全面系统地解释企业品牌竞争力的来源并为品牌竞争力测评奠定理论基础。

第五，本书一改传统以品牌价值（绝对值）的方式测评品牌竞争力，尝试采用品牌竞争力指数（相对值）的形式构建了中国企业品牌竞争力指数评价模型系统（简称CBI），并利用多指标综合指数评价分析方法对其进行定量化研究，以指数形式反映中国企业品牌竞争力强弱和发展趋势，并以中国80家知名消费品类上市公司为实证分析对象验证了测试量表、机理模型和指数模型的适用性。

第六，基于企业品牌竞争力形成机理，结合中国消费品类上市企业品牌竞争力具体实证分析发现，其自主企业品牌培育中存在以下问题：①品牌发展力层面，政府对企业品牌竞争力建设的支持力度有待加强，企业技术自主创新能力较弱导致产品质量无法支撑强大的品牌，企业品牌经营专业人才和企业家素质有待提高；②品牌塑造力层面，基于品牌定位思路的品牌个性塑造能力较弱，品牌危机处理能力的弱化凸显企业品牌关系能力较差，知识产权意识的淡漠导致品牌保护能力较弱；③品牌支持力层面，自主企业品牌忠诚度普遍较低、品牌溢价率不高，品牌社会性功能不强导致中国未出现一个高端的奢侈品牌；④品牌市场力和品牌资本力层面，市场占有能力较强但盈利能力不强，表象为品牌销售额偏高而品牌销售利润偏低，品牌产品的市场开拓能力不强导致品牌渗透率偏低，品牌生命周期普遍偏短，民族品牌被收购或消亡现象普遍存在。

针对以上问题，笔者提出中国培育自主企业品牌竞争力的管理启示和政策建议。管理启示包括：技术创新是品牌竞争力提升的根本前提、文化塑造是品牌竞争力提升的灵魂要素、品牌定位是品牌竞争力提升的制胜法宝、资本支持是品牌竞争力提升的重要保障、超额盈利是品牌竞争力提升的显著标志、品牌保护是品牌竞争力提升的重要支撑。中国自主企业品牌建设应成为转变经济增长方式的创新路径，"中国制造"向"中国创造"应成为中国经济发展的重要主题，政府、企业、媒体和消费者应构建四方联合的自主品牌塑造工程。

# 目　　录

# 第一章 绪论

## 第一节 研究背景

### 一、研究的现实背景

#### （一）中国企业品牌竞争力现状分析

随着经济全球化的加深，中国市场经济的发展使部分企业走向国际，跨国公司凭借资本、技术和品牌的优势与国内企业展开攻势。随着市场结构的变化与消费者生活水平的提高使品牌逐步成为消费者选择商品的重要依据，由此可以推断中国经济已经由商品竞争时代过渡到了品牌竞争时代。《2020 年中国上市公司品牌价值蓝皮书》指出排在前 100 名的上市企业占 3000 家上市公司品牌总值的58.9%，关键技术的自给率低和资源消耗高导致自主品牌普遍缺乏核心竞争力，因此中国制造产品档次低、质量差的整体品牌形象仍处于从属和追赶地位，低于世界知名品牌。

2019 年，Interbrand 公司权威发布世界品牌价值和中国品牌价值排行榜（见表 1 - 1），中国民族品牌虽然较多，但时至今日仅有华为一家中国品牌入列世界品牌前 100 名。如表 1 - 1 所示，苹果、谷歌、亚马逊、微软、可口可乐、三星、丰田、奔驰、麦当劳、迪士尼都是国际知名品牌，其品牌拓展渗透所在行业市场的各个角落，深入全球消费者心智。然而中国目前虽有一些企业已经走向国际，但国际竞争力仍比较薄弱，从全球化视角和品牌无国界视角来看这些品牌还是区域性品牌，因此中国企业品牌国际竞争力的提升和成长空间巨大。

表 1-1　Interbrand 2019 年世界与中国最佳 10 强企业品牌价值对比

| 排名 | 世界品牌 | | | 中国品牌 | | |
| --- | --- | --- | --- | --- | --- | --- |
| | 品牌名称 | 品牌价值（百万美元） | 行业 | 品牌名称 | 品牌价值（百万美元） | 行业 |
| 1 | 苹果 | 234241 | 技术 | 腾讯 | 57161 | 科技 |
| 2 | 谷歌 | 167713 | 技术 | 阿里巴巴 | 46516 | 科技 |
| 3 | 亚马逊 | 125263 | 技术 | 中国建设银行 | 21369 | 金融服务 |
| 4 | 微软 | 108847 | 技术 | 平安 | 19603 | 金融服务 |
| 5 | 可口可乐 | 63365 | 饮料 | 中国工商银行 | 19032 | 金融服务 |
| 6 | 三星 | 61098 | 技术 | 中国移动 | 16544 | 通讯 |
| 7 | 丰田 | 56246 | 汽车 | 中国银行 | 14366 | 金融服务 |
| 8 | 奔驰 | 50832 | 汽车 | 农业银行 | 11002 | 金融服务 |
| 9 | 麦当劳 | 45362 | 餐厅 | 中国人寿 | 10149 | 金融服务 |
| 10 | 迪士尼 | 44352 | 媒体 | 中国招商银行 | 7605 | 金融服务 |
| 总计 | | 957319 | | | 223353 | |

资料来源：Interbrand 2019 年世界 100 最佳品牌价值排行榜报告、2019 年中国 100 最佳品牌价值排行榜报告。

（二）基于微笑曲线的中国品牌竞争力危机分析

中国经济经历了几十年快速的发展之后，在 2010 年第二季度超过日本成为世界第二大经济体，中国作为世界制造业大国却背负低价低质"中国制造"的品牌形象。我们有华为、联想、海尔等耳熟能详的民族品牌，但这些品牌在参与国际竞争的能力与世界 100 强企业差距还很大。对外开放的行业大部分市场被国外品牌控制，一些耳熟能详的中国自主品牌诸如南孚、苏泊尔、中华牙膏、水井坊、大宝、小护士等被外资收购，很多优秀民族品牌被外资企业并购而最终成为陨落的残星。

中国作为奢侈品第一大消费国却没有一批国际化的奢侈品牌，名副其实的世界超级制造大国却还是一个实实在在的品牌弱国。究其原因，微笑曲线模型从国际产业价值链分工视角可以解释。欧美等发达地区的企业处于产业价值链分工的技术研发和品牌营销环节，获得了高额的附加价值，而像中国一样的后进地区企业处于产业价值链的生产制造环节，得到的是极低的附加价值，而且行业风险系数极高。以美国玩具产业的芭比娃娃为例，美国芭比娃娃公司处于价值链上游，专于品牌塑造和产品设计，而被授权的中国企业必须按照其标准完成整个生产制造过程。然而在利润分配中，一个芭比娃娃在美国售价为 9.9 美元，美方只付给中国企业 1 美元左右的生产成本，中国企业凭借廉价的劳动力和资源环境的损耗分得这 1 美元中的 25%，也就是说处于价值链分工上游的美国企业获得了近 90%的附加价值。这个案例鲜活地披露了中国制造的"苦笑曲线"与欧美品牌的"微笑曲线"的巨大反差，清晰地反映出中国制造品牌建设的尴尬境地。

国家统计局数据显示，2020 年中国 GDP 虽然占世界经济比重超过 17%，但是消耗全球 20%~40%的主要资源和能源，中国低层次制造弊端日益彰显，劳动力低的成本优势逐步丧失，自主创新、增加附加值、打造自主品牌已迫在眉睫。因此，中国经济转型不仅仅是产业结构调整的问题，产业价值链的重新定位更是关键所在。时至今日，拥有国际知名品牌的多少成为评价一个国家国际竞争力与经济实力的重要指标。企业品牌的影响力被学者提高到品牌宗教的程度，正如上海交通大学余明阳教授所言，从"中国制造"向"中国创造"的发展过程中，品牌是标志性符号；由经济大国向经济强国的发展过程中，品牌是标志性符号。品牌建设已经成为中国企业提升竞争力的头等大事，如何开创中国品牌发展的新局面，促进中国自主品牌的崛起，已是中华民族经济伟大复兴必须走过的一关。在这种背景下，研究中国自主企业品牌的建设，尤其是品牌竞争力测评的研究具有十分重要的现实意义和战略意义。

（三）企业品牌竞争力测评的研究必要性

在日益动荡多变的经济全球化市场条件下和新技术不断创新的压力下，品牌已经成为赢得顾客忠诚和企业求得长期生存与成长的关键，企业必须将竞争的水平提升到国际水准，走品牌竞争的道路。但是，目前我国很多企业对品牌的理解和运作还处于表面层次，缺乏系统性和长远性。企业最期待的莫过于自己的品牌拥有区别或领先于其他竞争对手的独特竞争能力，但是苦心经营品牌的企业仍充满困惑：企业品牌竞争力的来源究竟在哪？本企业品牌竞争力现状如何评价？如何系统打造一个知名品牌？如何提升本企业品牌竞争力？在这种情况下，企业就要重新审视其品牌管理策略。

中国经济亟待世界级品牌支撑，特别是 20 世纪 90 年代以后，党和政府非常重视品牌的发展，将自主品牌建设作为国家加快经济发展的重要战略。国家"十一五"规划明确提出创立和培育自主知名品牌、提高中国著名品牌竞争力，是落实科学发展观和促进经济增长方式转变的重要举措。在党的十七大的报告中指出，要提高自主创新的能力，建设创新型国家，加快培育我国的跨国公司和国际的知名品牌。党的十八大、十八届三中全会和十八届四中全会均明确提出塑造一批具有国际竞争力的自主品牌企业，分享国际产业价值链中的高附加值成果。2014 年习近平总书记"推动中国制造向中国创造转变、中国速度向中国质量转变、中国产品向中国品牌转变""三个转变"重要指示，打造自主品牌已经上升至国家战略的高度，也是中华民族经济伟大复兴的重要一环。

品牌建设在转变经济增长方式中发挥着重要作用。改革开放四十多年来，中国成为世界上经济发展最快的国家，中国 GDP 已跃升至世界第二，中国的企业逐步重视品牌的建设，部分企业还踏上了品牌国际化的征程。但纵观整个发展全局，中国品牌发展并不成熟，中国在世界经济中仍然扮演着"世界加工厂"的角色。可以说中国是一个制造业大国，却绝不是一个品牌强国。中国经济转型不仅仅是产业结构调整的问题，更是产业价值链重新定位的关键所在。中国企业大部分处于附加价值较低的制造环节，而高附加值的技术和营销环节被发达国家的跨国性企业主宰。中国制造在获得 GDP 增长的背后是"世界廉价打工仔"的无奈，中国企业整体竞争力的提升迫在眉睫。胡锦涛同志曾经强调指出，要拥有我们自己的核心技术，要拥有我们民族的自建品牌。习近平总书记实际上已经提出中国企业竞争力提升的重要路径：路径之一是提高自主创新能力，在技术创新方面赶上世界先进水平，实现由"中国制造"向"中国创造"的品牌转变；路径之二是塑造一批具有国际竞争力的自主品牌企业，分享国际产业价值链中的高附加值成果，实现由"经济大国"向"经济强国"的地位转变。因此，学术界对于品牌竞争力的监测提供必要的理论支撑义不容辞。

### 二、研究的理论背景

国外学者（Farqular，1989；David A. Aaker，1991；Kelvin L. Keller，1993；Krishnan，1996）在品牌资产领域做出突出贡献，分别从财务角度、市场角度、消费者角度等不同的角度对品牌资产进行阐述。在此基础上，张世贤（2000）对品牌价值和品牌竞争力的逻辑关系进行探讨，其认为品牌价值是品牌在市场竞争中的价值实现。关于品牌竞争力的研究引起了学术界的持续关注，国外学者（Burleigh B. Gardner，1955；Shipley and Hooley，1955；Blattberg and Neslin，1990；Lannon and Cooper，1993；Brown et al.，1995；Nowlis and Simon - son，1996；Chematory and McDonald，1998；Keller，1998；Philip Kotler，2002；Asker，2002）分别从品牌性质、品牌选择、品牌创建、品牌管理和品牌权益角度探讨品牌竞争力的内涵，国内学者（季六祥，2002；邴红艳，2002；李光斗，2003；范晓屏，2004；许基南，2004；沈占波，2005；刘迎秋，2007；何阿飒，2010）也对品牌竞争力的内涵和外延做了探索性研究。关于品牌竞争力测评的研究，比较权威的有五个模型，即 Keller 顾客价值分析模型、Aaker 五要素模型、Interbrand 模型、全球资产模型和中国品牌资产评估模型。

然而，目前理论界对品牌竞争力的研究还不够深入和系统，其主要表现在：对品牌竞争力概念的理解没有达成共识；对品牌竞争力影响因素及其相互关系的作用机理观点还存在很大分歧；品牌竞争力的测评模型和方法较少，已有测评方法在研究视角选取、指标确定、权重设计、实证检验等方面存在不同程度的缺陷和问题；对于品牌竞争力提升策略多为基于经验判断给出的建议，理论支撑不够导致实际操作性不强。

综上所述，随着我国经济快速的发展，市场的开发程度不断加深，我国的消费市场也已经从"商品消费"进入到了"品牌消费"阶段。我国企业、政府对品牌竞争力研究已经产生了强烈的需求。如今中国企业在加强竞争力、进行战略性品牌管理方面还没有一个标准化的、持续的基础性参考指标。因此，重点研究如何评价我国企业品牌竞争力，如何系统分析品牌竞争力的来源以及关键要素的作用机理，如何根据中国企业所处的时代背景和文化特质尝试构建中国企业品牌竞争力测评体系进而全方位检测中国企业品牌竞争力的发展态势和方向，以上问题的研究有利于我国品牌学理论研究的发展和完善，同时也能够为我国企业品牌战略实践提供指导，能够帮助企业明晰自身的品牌核心竞争力，有助于有效的市场拓展，进而获取更多的利润，赢得竞争优势。这些提升品牌竞争力的现实需求和理论研究之间的缺口为本书提供了新的研究视角，同时也表明了本书的必要性和迫切性。

# 第二节　研究意义

## 一、研究的现实意义

针对本书的现实研究背景，上至国家下至企业都在疾呼提升品牌竞争能力，本书对于企业品牌竞争力内涵、形成机理、指数测评等视角的研究具有重要的实践意义。

（一）为企业品牌管理提供咨询工具

通过对企业品牌竞争力测评体系的构建和分析，可以全面分析企业品牌运营管理过程中的优势和劣势，从而巩固优势并针对劣势加强品牌资产的培育和利用，增强企业的品牌竞争力。本书立足系统综合视角，将对企业品牌竞争力构成的各个主要环节及因素进行全面考评。为企业在实施品牌扩张、品牌延伸、品牌投资、品牌连锁经营等策略时提供有效的数据参考，了解即将涉足的行业其他企业的品牌竞争力状况。企业可以根据自身品牌竞争力各级指标得分情况，详细地了解自身在品牌竞争中的薄弱环节，找到切入点下力气改善，从而能够更具实效地提升企业品牌的竞争力。根据平衡计分卡原理，本书提供的测评指标可以逐层分析品牌竞争力所有影响要素和关键要素，为企业品牌建设提供具有可操作性的诊断咨询工具。

（二）为政府产业规划提供决策参考

企业品牌竞争力指数的测评能够反映以若干区域或行业的企业品牌竞争力为代表的中国企业品牌竞争力的整体走势，因此政府可以利用中国品牌竞争力指数数据了解全国企业的品牌竞争力的发展状况和行业结构，从而为调控全国各行业结构和引导行业发展服务。对于地方政府，除了指导对辖区内企业品牌建设的情况进行调控外，还可以通过与各地指数的对比，了解本地区各行业品牌竞争力在全国的竞争优势和劣势，科学地做出本地产业未来的发展决策。

（三）为消费者理性消费提供信息指南

本书主要针对消费品行业展开品牌竞争力指数评价，并根据测评结果发布中国消费品类企业品牌竞争力指数排行，消费者可以明确产品品牌在同行业中的位置，对某一品牌进行定位，提升自身的消费经验，对该品牌产品的质量、价值功能、价格有了更加清晰的认识，对市场各个主体同样具有重要的参考价值，从而更加合理地安排自己的购物倾向和行为。

（四）为投资商提供投资参考

以往关于企业品牌并购、重组等涉及企业品牌评估问题时，均以品牌价值为衡量手段，其缺陷在于未考虑非财务指标的重要性而评估注重财务指标的片面性，导致各种各样的投资失败。本书以全方位的评价指标体系并应用指数方法论对可以使投资者及时了解各城市各行业企业品牌竞争力的不同状况，在投资选择上为之提供信息咨询，减少投资风险；对单一企业而言，准确把握企业品牌竞争力的整体状况，可以更好地判断品牌竞争力发展所处的周期性阶段，从而把握市场形势，决定或调整投资时机，提高其投资结构的决策准确程度。

**二、研究的理论意义**

本书全面扫描了品牌竞争力和品牌价值测度和竞争力类指数方法论的文献，目前的研究断层主要表现为指标体系不够全面、系统，在中国情境下品牌竞争理论创新较弱，以及指数模型不够规范，这些问题正是本书的切入点。因此，从多维角度、动态角度研究品牌竞争力的形成机理，构建系统全面的企业品牌竞争力评价体系，这些都具有重要的理论意义。

（一）了解企业品牌竞争力的真正来源

国内外关于品牌价值和品牌竞争力评价要素的选取集中于财务要素、消费者要素和市场要素，如 Interbrand 着重财务指标测评品牌价值，世界品牌实验室基于消费者品牌忠诚度构建评价模型，Aaker 从消费者支持层面构建十个品牌竞争力评价指标，Landor 机构基于市场表现构建品牌竞争力评价指标体系。对竞争者、企业发展战略诸因素考虑较少，基于这种观点形成的品牌战略不可避免地缺乏一种全局的、系统的眼光。笔者认为，单从一个视角虽然可以研究得较为深入，但品牌竞争力是各种要素的综合效应，需要尝试由单一要素决定论向多元要素综合论过渡，其中多元要素中考虑企业内外部环境的影响以及企业本身对品牌塑造的综合素质的基础性评价，通过基于扎根思想的质性分析和基于结构方程的验证性因子分析，对品牌竞争力的来源要素以及关键要素的作用影响进行分析，对品牌竞争力来源进行深入的探讨。

（二）弥补单一财务会计评估的缺陷

目前国内企业经营者对于现代化管理手段的理解与实践，多半仍然停留在以财务数据为主导的思维里。即使在市场竞争日益激烈，单一财务维度的数据早已不足以解释与掌握企业核心竞争力的今天，很多管理者仍然对于非财务性指标采取忽视的态度。基于财务的观点虽然较好地解决了在兼并、收购、租赁以及融资等活动中的具体问题，但财务方法的定义对于品牌具体管理意义不大，由于不能明确品牌资产的内部运行机制，很难发现真正的品牌资产驱动因素。本书认为竞争力的本质是竞争主体具有可持续性的比较优势，因此必须考虑其未来发展的动态性。现有的综合评价模型忽视了品牌设计、品牌定位、品牌传播、品牌延伸和品牌保护等基础性要素的影响，也没有将顾客、企业、政府以及媒体与品牌的互动关系纳入评价体系，这些非财务指标虽然在数据获取方面存在一定的主观性、经验性、片面性等，但其在整个竞争力的评价体系中举足轻重，本书力争弥补单一财务数据评价的片面性，尝试由财务静态外显性指标主导的评价思维向非财务动态解释指标兼顾的评价思维转变。

（三）探索多变量结构影响的生成机理

现有的品牌竞争评价模型对于各影响要素之间的内在联系探求不够，要素关系分析基本在层次分析法和模糊数学之间徘徊，关于品牌竞争力影响要素的作用机理研究得较少。然而在管理实践中，消费者要素与市场要素和财务要素之间的关联性和独立性的分析具有一定的研究价值，忽视影响要素之间的相关性将使多个要素加权造成重复计量，从而影响了评价模型的准确性，Interbrand、Aaker 与 Keller 的品牌资产评估模型均面临着上述问题。笔者认为西方学者在品牌价值和品牌竞争力的测评研究仍存在一些分歧，国内学者仍然处于定性评价体系的初级研究阶段，我们需要在西方既有研究框架下结合我国商业文化背景和我国自主企业品牌的实践，利用结构方程方法对本土企业品牌竞争力形成机理进行情景化分析和结构化分析，开发适于中国商业竞争情境的品牌测评量表，探讨来源要素及其相互影响，进而得出品牌竞争力形成的机理模型。

（四）创新企业品牌竞争水平的评价方法

目前品牌竞争的评估综合地反映了企业品牌竞争力在某一时点上的状态，采用的是绝对值（货币单位形式，如百万美元、百万元人民币）的表现形式。单独一个绝对值并不能体现其与参照系的关系，也就无法简洁地反映出状况的好坏。为此，笔者将多指标综合指数法作为品牌竞争力测评的首选方法，其可以综合反映由多种要素组成的竞争主体在不同时间和空间条件下品牌竞争力平均变动的相对数，能够用来反映复杂的品牌经营活动总体的综合变动方向和变动程度，也可用来分析企业品牌竞争力在长时间内的变化趋势。基于此，本书探索性地一改传统以品牌价值（绝对值）的方式测评品牌竞争力，在国内首次尝试采用品牌竞争力指数（相对值）的形式构建了中国企业品牌竞争力指数测评方法对定性问题进行定量化研究，以指数形式反映中国企业品牌竞争力强弱和发展趋势。

# 第三节　研究问题及方法

## 一、研究目的

本书背景部分的分析可以总结为"现实的呼唤"以及"理论的不足"，中国企业品牌竞争水平距离国际品牌企业还有很大差距，品牌危机频频发生，上至政府下至企业均在疾呼增强自主创新能力，转变经济增长方式，提升企业品牌竞争力，究竟如何提升仍处于经验主义逻辑阶段，缺乏一套科学理论体系支撑，是本书"现实的呼唤"。虽然国内外学者对品牌竞争力研究取得了一定的成果，但却存在单一财务指标主导思维而忽略非财务指标的片面性、单一要素决定论而缺乏综合观点、西方既有成果引入而缺乏中国情境理论创新以及品牌价值绝对值评估缺乏品牌竞争力相对判断等研究缺陷，这是"理论的不足"。基于上述现实和理论方面存在的问题，本书在国内外学者对品牌竞争力相关研究成果的基础上实现以下四个目标：

（1）通过聘请国内权威品牌管理专家和学术专家再用访谈法，依托扎根理论对品牌竞争力评价要素展开探索性研究，得到全面适合本土的品牌竞争力测评指标。

（2）通过梳理品牌价值和品牌竞争力评价的已有成果，基于国际学术界权威分析框架，采用国际权威的量表开发程序，尝试开发企业品牌竞争力测试量表，构建一套覆盖面广、本土针对性强、方法科学简便的评价量表。

（3）借鉴现有关于国家竞争力、企业竞争力机理模型逻辑原理，构建"企业品牌竞争力形成机理模型"，并利用结构方程模型（SEM）方法对机理结构模型进行检验。

（4）应用多指标综合指数法尝试构建企业品牌竞争力指数计算模型，并将模型应用于中国消费品类上市公司，实证检验指数模型以及量表的适用性，进而得出中国消费品类上市企业品牌竞争力指数排行榜，根据实证分析结果提出具有创新性思维的中国自主企业品牌竞争力提升的管理启示和政策建议。

## 二、研究问题

根据"现实的呼唤"以及"理论的不足"，本书将对以下六个方面的问题展开探索：

研究问题1：企业品牌竞争力如何界定？这包括与品牌价值、品牌资产和企业竞争力等概念之间的区别和联系？本书与以往相关研究的区别和前沿性如何体现？

研究问题2：企业品牌竞争力测评的相关研究进展如何？这包括品牌竞争力的形成机理研究、测评指标研究以及测评模型和方法的研究。

研究问题3：如何在西方既有理论成果基础上构建中国情境的品牌竞争力测评理论？这涉及研究视角和研究方法如何选取？

研究问题4：企业品牌竞争力的影响要素有哪些？企业品牌竞争力真正来源到底取决于哪些要素？这些要素之间如何作用？形成机理是否可以整理成结构化模型形式，如果可以其结构合理性如何检验？

研究问题5：企业品牌竞争力这一定性构念如何定量测评？即测试量表如何开发？量表的适用性如何检验？

研究问题6：本书希望以相对值的形式反映品牌竞争水平，那么企业品牌竞争力指数计算模型如何构建？模型是否可以衍生出实用性较强的分析工具？企业品牌竞争力指数模型如何应用？关于测评行业的选择标准如何界定？评价结果对中国自主企业品牌竞争力提升有何启示？

## 三、研究方法

根据本书问题的需要，采用规范研究与实证研究相结合、定性研究与定量研究相结合的方式，并遵循"文献阅读→提出模型与命题→调研收集数据→实证分析→形成研究结论"的基本研究思路，对相关命题进行研究，将本书采用的几种研究方法归纳如下。

（一）文献研究法

笔者通过广泛查阅国内外文献资料，了解相关理论的前沿和进展情况，通过对与品牌竞争力测评相关文献的搜集、归纳、综述来总结以往研究成果，并从中发现不足之处。这样，一方面不至于做与前人重复的研究，造成资源浪费；另一方面，自己的研究位于前人研究成果的基础之上，研究构思才有据可循。

（二）质性研究法

质性研究是指任何不是经由统计程序或其他量化手续而产生研究结果的方法。质性研究的最佳方法是扎根理论，是要在生动丰富资料的基础上"创造性地发现和发展新理论"，其主旨是建构理论，而问题 3 提出的构建中国情境的品牌竞争力测评理论则属于理论构建，因此本书采用质性研究方法对企业品牌竞争力的测评维度展开探索式研究。

（三）德尔菲法和问卷调查

指标体系的构建以及指标权重的确定采用德尔菲法，依托中国社科院的权威平台聘请国内外品牌竞争力研究的权威专家召开论证会，进而展开质性研究，保证指标选择的全面性和权重计算的科学性。通过李克特量表来收集数据，被调查者（包括企业和消费者）通过对问题的回答从非常同意到非常不同意的不同等级以数值表示予以量化，经过统计分析来验证量表和模型。

（四）多元统计实证分析

本书拟选用 SPSS 统计软件作为分析工具，对调查的数据进行统计分析，对问卷的信度与效度进行检验，针对权重数据采用主成分分析，针对指标分类的科学性采用探索性因子分析（CFA），针对指标间相互影响采用多变量方差分析。

采用 AMOS 统计软件作为结构方程模型的分析工具，对问题 4 和问题 5 设计模型结构验证的数据进行探索性因子分析（EFA），对模型的拟合度进行检验并对模型进行修正。

（五）多指标综合指数法

针对模型的构建采用指数编制方法，结合多指标评价模型和模糊数学方法，构建中国品牌竞争力指数计算模型，为消费品类上市企业的品牌竞争力水平进行相对评价和排名。

# 第四节 研究设计及创新

## 一、研究技术路线

根据研究目标、研究具体问题以及相应研究方法的确定，笔者提出本书的技术线路，如图1-1所示。首先，基于现实背景和理论背景提出本书研究的核心

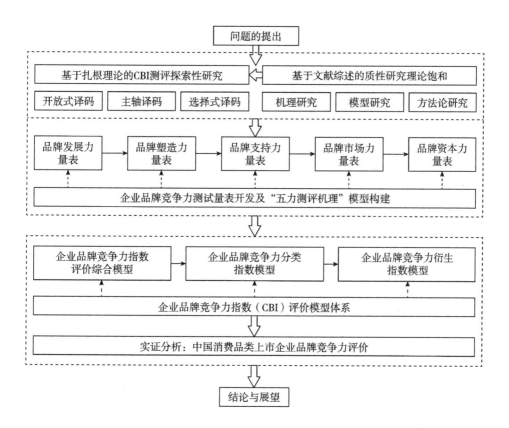

图1-1 研究技术线路

问题；其次，基于扎根理论对中国情境下品牌竞争力测评要素展开探索性研究，并利用量表开发技术编制中国自主企业品牌竞争力测评量表；再次，基于测评机理模型和量表构建测评体系和指数计算模型并应用于消费品上市企业进行实证分析；最后，得出评价结果及管理启示。

## 二、研究内容提要

第一章，绪论。

主要阐述了问题提出的现实背景、相关理论上的空缺、拟解决的问题，提出研究的预期目标以及采用的研究方法，最后对行文的逻辑框架、技术路线、具体研究内容以及拟创新点和潜在贡献进行说明。

第二章，文献综述。

对国内外有关企业品牌竞争力研究既有成果进行梳理，主要涉及企业品牌竞争力相关概念界定、企业品牌竞争力形成的机理分析、企业品牌竞争力测评体系、模型及方法论等研究领域展开综述，从中得到一些启示，也发现一些缺欠。针对企业品牌竞争力理论解释力的不完善，笔者提出了五个前沿性的研究方向。

第三章，企业品牌竞争力测评的探索性研究。

本书以扎根理论为指导，以品牌战略研究领域的相关专家为样本，采用质性分析方法探讨企业品牌竞争力评价的因素构成。通过扎根理论的研究程序先后对原始访谈数据采取开放式译码、主轴译码以及选择性译码，在保证效度分析和信度分析合格的基础上得出五个核心编码，即品牌发展力编码、品牌塑造力编码、品牌支持力编码、品牌市场力编码和品牌资本力编码。

第四章，企业品牌竞争力测评模型及量表开发。

本章首先就质性研究结论构建"企业品牌竞争五力测评模型"和变量关系假设。其次，借鉴以往品牌竞争力学者研究成果对质性研究结论进行理论饱和，创建了包含92个问题项的企业品牌竞争力初试问卷，经过因子分析和主成分分析法对小样本问卷进行信度和效度检验，得到包含60个观测变量的初测量表。通过对大样本数据进行离散程度法、相关系数法、因子分析法、区分度分析法、Chronbach's α 系数法、重测信度法，对测项筛选最后得到15个二级潜变量包含

44 个观测变量的正式量表。最后，对正式测量数据进行探索性因子分析和验证性因子分析对正式量表的信度和效度进行检验。此外，通过皮尔逊相关分析和模型结构路径系数分析对五力测评模型的结构进行修正性检验，进而对八个变量假设关系进行验证。

第五章，企业品牌竞争力指数测评方法。

本章首先在模型结构验证和路径分析基础上构建企业品牌竞争测评机理模型，并基于正式量表构建企业品牌竞争力指数评价指标体系，对于每个指标的释义和计算方法进行诠释。其次，利用功效系数法确定各层级指标的权重，采用加权法对指标进行合成并对定性和定量指标的标准化统一处理。最后，构建了品牌竞争力各层级指标的分值（CBS）计算模型以及企业品牌竞争力指数（CBI）评价计算模型。

第六章，实证分析：中国消费品类上市企业品牌竞争力评价。

本章的核心目的是对企业品牌竞争力指数（CBI）模型的应用，同时对于品牌竞争力测试量表和测试模型做以检验。本书选取包括服装、家电、酒、食品饮料、医药等 50 家消费品类上市公司作为实证样本，首先对样本进行了描述性统计分析，并通过信度分析和效度分析。其次，本书对 50 家企业的不同层级指标的 CBS 进行计算，得出品牌发展力、品牌塑造力指标得分偏低，说明了中国自主企业品牌竞争力的基础性建设有待加强。最后，通过 CBS 的绝对值数据得出了 50 家上市公司的品牌竞争力指数（CBI）排名，得出五粮液、青岛海尔、贵州茅台、格力电器、同仁堂、云南白药等知名品牌名列前茅，本书与国际主流研究结果大体相符，验证了其量表的适用性。

第七章，结论与展望。

本章首先对全书研究结论和潜在贡献进行总结。其次，在理论分析和实证研究成果的基础上提出管理启示和政策建议，从技术创新、品牌文化、品牌定位、品牌保护、品牌资本和品牌溢价等方面提出具有实践意义的管理启示，从政府、企业、学界和媒体"四位一体"的品牌塑造工程，将品牌建设作为中国转变经济增长方式的新路径、中国创造将成为未来中国经济发展主题等方面提出政策建议。最后，分析本书存在的问题，明确未来研究的发展趋势以及进一步研究领域。

### 三、创新及潜在贡献

第一，基于扎根理论探索性研究测评维度。

本书以扎根理论为指导，采用质性分析方法探讨企业品牌竞争力评价的因素。通过座谈会的形式进行数据收集，通过扎根理论的研究程序先后对原始访谈数据采取开放式译码、主轴译码以及选择性译码，在保证效度分析和信度分析合格的基础上得出五个核心编码：品牌发展力编码、品牌塑造力编码、品牌支持力编码、品牌市场力编码和品牌资本力编码，这比以往财务评价要素、市场评价要素、消费者评价要素多加入了两个重要的基础想要素，体现了本书的综合性视角。

第二，弥补现有财务思维主导的缺陷。

质性研究的数据分析中品牌支持力范畴内概念出现频次 411 次高居榜首，验证了以 Keller 和 Aaker 为首的以消费者忠诚视角测评品牌资产的合理性。排在第二名的是品牌市场力，范畴内概念出现频次为 241 次，验证了国内学者张世贤（1996）、余明阳（2008）关于市场占有率和超值获利能力的测评视角合理性。出人意料的是当前以财务视角测评品牌价值的结论未得到此次执行研究的支持，品牌资本力范畴内概念出现 147 次，为五个三级编码的最后一名，且差距显著。然而品牌发展力和品牌塑造力范畴内概念出现频次仅次于品牌市场力频次，从而可以推论以上两个编码可以作为两个重要测评维度，根据两个编码的含义可知，两者均在强调品牌的塑造条件及方法，这也构成了品牌竞争力的基础，而当前关于品牌价值的测评大都未将其列入重要指标；相反的是将较易获得数据的财务指标列为重点，导致品牌竞争力的评估过于静态化，单一财务维度的数据早已不足以解释与掌握企业品牌竞争力，不能反映品牌未来的发展趋势，本书重大突破之一是以财务指标主导、品牌发展的基础性要素等非财务性指标弥补了单一财务评价思维的片面性。

第三，开发中国自主企业品牌竞争力测评量表。

借鉴以往品牌竞争力学者研究成果对质性研究结论进行理论饱和，构建"企业品牌竞争五力测评模型"，初步创建了企业品牌竞争力初试问卷，通过小样本的问卷预检验和大样本的正式检验，通过探索性因子分析和验证性因子分析检验信度和效度，开发得到五个子量表、15 个二级潜变量、44 个观测变量的量表，此量表具有原创性、本土性和应用性。

第四，构建测评机理模型和指数计算模型。

本书在结构方程模型验证和路径分析基础上构建企业品牌竞争"五力测评"机理模型，这是本书重要的理论研究成果和创新点。本书一改传统以品牌价值（绝对值）的方式测评品牌竞争力，在国内首次尝试采用品牌竞争力指数（相对值）的形式构建了中国企业品牌竞争力指数评价模型系统（简称 CBI），并利用多指标综合指数评价分析方法对其进行定量化研究，以指数形式反映中国企业品牌竞争力强弱和发展趋势，并以中国 50 家知名消费品类上市公司为样本数据通过了对测试量表、机理模型和指数模型的实证验证。

# 第二章　文献综述

为了全面掌握企业品牌竞争力测评相关研究的信息，本书主要通过 SSCI、CSSCI 来源营销类期刊检索国内外学术论文，通过检索 20 世纪 90 年代以来关于企业品牌竞争的学术研究成果，主要涉及企业品牌竞争力内涵界定、品牌竞争力形成机理以及品牌竞争力测评方法和模型。本章将按照以上逻辑顺序对国内外相关领域既有研究成果的主要内容、贡献以及不足做综合述评，并提出本书的前沿性探索方向。

## 第一节　企业品牌竞争力相关概念界定

### 一、品牌内涵的界定

现代企划的鼻祖史蒂芬·金曾说："产品是工厂所生产的东西，品牌是消费者要购买的东西。产品是可以被竞争者模仿的东西，品牌确是独一无二的。产品极易过时落后，但成功的品牌却能长久不衰。"这一阐述清晰划分了产品和品牌的区别，中外品牌研究学者在此基础上对品牌从不同视角进行了研究。

大卫·奥格威提出了品牌形象理论，认为品牌是一种错综复杂的象征，是属性、名称、包装、价格、历史、声誉、广告风格的无形组合（菲利普·科特勒，

2000）。品牌不仅仅是一种区分标识，还蕴含有更深层次的含义：品牌必须具备个性；品牌创造差异；品牌是自我的反映；品牌是一种资产。Kevin Lane Keller（1998）认为品牌是区别一个产品与其他产品的特征。AMA 认为品牌是一个名称、术语、标志、符号或设计，或者是它们的结合体，用以识别某个销售商或某群销售商的产品或服务，使之与他们竞争者的产品或服务区分开来的产品或服务（Philip Kotler and Kevein Lane Keller，2009）。品牌是以某些方式将自己与满足相同需求的其他产品或服务区分开来的差异性标志或符号，这些差别可能体现在与品牌产品性能有关功能性、理性或有形方面，也可能体现在品牌代表观念有关的象征性、感性或无形性方面。菲利普·科特勒（2000）指出品牌是一个复杂的符号，能表达出属性、利益、价值、文化、个性和使用者六层意思。

以上学者从不同的领域和角度理解品牌内涵，将其看作是一种差异化的标志和无形资产。本书给出的品牌定义是：品牌是企业综合实力的信息传递符号，可以传递企业资源实力、企业文化、企业管理能力、企业人才素质、企业产品和服务质量、企业社会关系等综合信息，这种信息降低消费者的选择成本同时提升企业无形资产。因此品牌也是企业、企业的产品和服务与消费者之间的无形契约关系。

### 二、竞争力内涵的界定

迈克尔·波特等（2009）认为竞争力是企业较其竞争对手更有能力去创造、获取、应用知识。葛瑞理认为竞争力的效果最终体现在市场上，即比对手具有更大的市场吸引力。迈克尔·波特（2005）认为，企业竞争优势主要取决于其所在产业的长期赢利潜力和其在产业中的市场地位。金碚（2001）认为竞争力指在竞争性市场中，一个企业所具有的能够持续地比其他企业更有效地向市场提供产品或服务，并获得盈利和自身发展的综合素质和条件。金碚（2008）认为企业竞争力测评要利用可以直接计量的显示性指标，反映竞争力的最终结果，此外还包括如说企业家的精神以及企业的理念、管理水平、品牌价值等分析性指标，反映竞争力强弱的原因或者决定因素。这种监测方法对本书具有指导和借鉴意义。结合上述观点，本书认为，竞争力是竞争主体为在市场上取得竞争优势、保持竞争优势和扩大竞争优势,并获得盈利和自身发展的综合素质和条件。

### 三、品牌价值内涵的界定

品牌价值委员会(Brand Equlty Board)认为品牌价值是向顾客提供的一种值得拥有、信赖、相关和独特的承诺(Keller,1998)。

许多人认为品牌价值来源于品牌的资产价值或财务价值,目前绝大多数的品牌评价方法也以此作为出发点(Crimminis,1992),Quelch 和 Kenny(1994)品牌价值就是商标的价值。Inierbrand 公司 CEO Michael Biricin 认为,品牌价值如同其他类似的经济资产一样,是未来所有权收益的现值。Aaker(1996)对这种把品牌价值简单化的思路提出质疑并指出,单纯从财务数据角度研究品牌价值以及进行品牌价值评价无法充分反映品牌价值的来源。部分学者开始从市场营销以及消费心理学的角度认识品牌价值,认为品牌是由一系列包括产品功能利益、服务承诺以及情感的象征性价值等构成的复合组织。Baldinger 和 Rubinson(1996)认为品牌价值反映消费者根据自身需要对某一品牌的偏爱、态度和忠诚程度。Berthon 等(1999)认为品牌可以提供给消费者超出产品功能的独特的社会、心理反应的附加价值。Keller(1998)从消费者心理反应如品牌知晓度和品牌形象衡量品牌价值,主要导致购买决策和购买行为。张曙临(2000)认为品牌价值包括成本价值、关系价值与权力价值。

综上所述,现有关于品牌价值内涵的界定具有局限性:关于品牌的本质与价值来源虽已冲破单一财务视野,逐渐关注到消费者的态度与情感等因素对品牌价值的影响和决定作用,但对于财务因素与消费者因素的关系研究涉猎较少,两者的作用机理解释不清;关于品牌价值的外部影响要素如管理环境的动态性与社会性关系没有进行充分的研究;品牌的性质是有区别的,如工业品牌和消费品品牌的内涵和外延具有本质的区别,目前对不同类型品牌的价值规律没有进行深入的研究。本书认为品牌价值是品牌竞争力的直观表现形式,具体来说是品牌的溢价能力、市场开拓能力、持续性发展能力等综合能力的表现形式,品牌价值来源于企业品牌塑造能力和发展潜力,表现为较高的消费者支持力、品牌市场占有能力和品牌财务绩效能力。

### 四、品牌资产的内涵界定

Farqular（1989）认为品牌资产是品牌赋予产品的附加值。企业资本运营活动的兴起引发了对品牌资产的定义、测度及运行机制等领域的研究（卢泰宏，2000）。David A. Aaker（1991）认为品牌资产可能增加或减少该产品或服务对公司和消费者的价值，包括品牌忠诚、品牌认知、感知质量、品牌联想和其他专有资产（Chay，1991）。Kelvin L. Keller（1993）提出消费者拥有的品牌知识是建立品牌资产的关键。Alexander Biel（1995）则认为品牌资产是品牌给产品或服务带来的现金流。此外，国内学者（符国群，1999；范秀成，2000；卢泰宏等，2000；赵平等，2003）对品牌资产提出了本土化的理解。归总以上学者对品牌资产特征和属性的不同理解，有三种观点。

（一）基于财务的观点

财务视角认为品牌资产本质上是一种无形资产，通过货币化的形式为这种无形资产提供一个财务价值，有利于财务人员把品牌作为资本来运行。虽然单一的财务视角能够提供品牌的总体财务表现，但是不能够反映出品牌资产内部运营的关联，进而不能反映品牌资产的真正来源，对指导企业进行品牌管理和建设缺乏实践性和操作性。

（二）基于市场的观点

市场视角更加关注品牌的长远发展，对企业塑造品牌、推广品牌、管理品牌资产进而发挥企业在品牌运营中的主动性具有重要的指导意义。但市场的观点仍属于显示性指标来描述品牌资产的定量统计结果，也不能解释品牌资产的真正来源。

（三）基于消费者的观点

消费者视角触及品牌资产是如何产生价值的实质。消费者剩余激发购买欲望、支付溢价进而形成品牌忠诚，显示为较高的市场份额和财务价值，品牌资产是建立在消费者心理上的（Agres et al.，1996），这充分体现品牌资产的本质。但对于品牌资产形成的真正来源，对于品牌资产形成的基础要素以及未来发展的支持性要素未加以考虑。

综上所述，单一视角考察和认识品牌资产具有积极的作用，但也有其局限性。本书认为品牌资产是能够给企业带来具有持续性的超额利润、给消费者带来具有超出心理预期的附加价值的无形资产，它来源于企业的综合实力以及品牌塑造运营能力，表现为消费者对品牌的满意和忠诚。

### 五、企业品牌竞争力内涵的界定

在品牌竞争力概念方面，国外研究可以追溯到 20 世纪 90 年代，David A. Aaker（1991）认为品牌竞争力是品牌拥有区别或领先其他竞争对手的独特能力。Keller（1993，1998）认为顾客价值优势、品牌忠诚与品牌竞争力是一个相互支持的系统。Philip Kotler 等（2002）认为企业与消费者之间无形契约的深入就形成了品牌竞争力。Aaker 等（2002）认为品牌竞争力是企业拥有的塑造强势品牌并支持强势品牌持久发展的能力。此外，国内学者（季六祥，2002；李光斗；2003；许基南，2004；刘迎秋，2007）对企业品牌竞争力的内涵也提出不同视角的解释。张世贤（2000）关于品牌价值和企业品牌竞争力的逻辑关系做了深入分析，认为品牌价值是品牌在市场竞争中的价值实现。国内有关学者（季六祥，2002；邴红艳，2002；许基南，2005）对品牌竞争力层次做了相应的界定，企业的管理水平、产品的质量水平和品牌价值是息息相关的。本书关于企业品牌竞争力的内涵从广义角度上界定，即本书并不是针对单一产品品牌、单一公司品牌开展专项研究，而是针对企业整体品牌进行研究，量表测项的发展以及最后的指数实证评价也均从企业整体品牌视角进行研究。

综合国内外学者的研究，关于对品牌竞争力不同视角的理解仍处于静态层面，其内涵、价值、作用等方面无法深入诠释品牌竞争力的动态变化性。关于企业品牌竞争力的内涵认识概括起来具有以下四个方面：①品牌竞争力是一种比较能力；②主要表现为市场开拓能力和高额获利能力；③品牌竞争力是企业综合实力的反映；④品牌竞争力是动态的，具有可持续性。本书认为品牌竞争力源于企业综合运作内外资源从而塑造具有差异化品牌形象的比较能力，从而使企业在市场上取得可持续的竞争优势，进而获得更大的市场份额和更高的盈利能力。

# 第二节 企业品牌竞争力形成的相关研究

研究品牌竞争力测评的目的在于研究如何增强企业的品牌竞争力，企业品牌竞争力关键影响要素的来源以及形成机理的分析成为本领域的研究重点。

## 一、企业品牌竞争力的影响因素研究

企业品牌竞争力的强弱受到来自内部和外部因素的影响，为了研究品牌竞争力的测评指标的选取，有必要对现品牌竞争力形成的影响因素进行总结，相关学者研究成果归纳起来大致可分为以下角度，如表2－1所示。

表2－1　企业品牌竞争力影响因素主要研究成果

| 创新视角 | 研究者 | 影响因素 |
|---|---|---|
| 产业视角 | 邝红艳 | 除企业要素因素和品牌自身因素外，强调产业竞争性因素的影响，如行业竞争力量、产业组织规模 |
| 非市场视角 | 许基南 | 除内部市场要素、企业要素外，强调外部如产业、政府政策、教育和文化、战略联盟等非市场要素的影响 |
| 品牌运营视角 | 余明阳等 | 主要从企业对品牌塑造及运作的要素影响着手，主要包括品牌价值力、创新力、品控力、营销力和传播力 |
| 品牌设计视角 | 胡大立等 | 从名称、商标、术语等构成要素，品质、性能、包装设计等基础要素以及品牌设计的支持要素和强化要素着手分析影响程度 |
| 品牌文化视角 | 韩福荣等 | 认为品牌市场力、品牌创新力和品牌领导力影响外，提出经营观、价值观、审美观等品牌文化力的重要影响 |
| 品牌本质视角 | 项银仕 | 提出包括技术创新的资源性要素、商标和广告的附加性要素、产品品质和服务品质的核心性要素以及品牌战略的本质性要素 |
| 品牌经营视角 | 晋雪梅 | 强调品牌商品分析能力、开发能力和销售能力等经营能力对品牌竞争力的影响 |
| 品牌基础视角 | 蒋璟萍 | 强调技术创新、质量保证、差异化等为基础影响因素 |

资料来源：根据相关文献整理。

从表 2 - 1 中可以看出，外部视角主要包括产业视角和非市场视角，如行业竞争趋势、政府政策、产业联盟等影响要素。其他研究者则从品牌经营塑造影响本身出发，包括品牌建设的方方面面如品牌设计要素、品牌经营要素和品牌保护等影响要素。但对于各个视角下影响要素的重要性和影响机制并未做出具体分析，缺乏实证数据支持的主观推论使品牌竞争力影响因素的研究缺少学术价值和实践应用价值，因此需要对品牌竞争力的影响因素进行实证分析进而探讨核心影响要素以及作用机理。

**二、企业品牌竞争力来源的相关研究**

有关品牌竞争力真正来源的分析触及品牌的本质，通过对文献的梳理本书总结了以下观点。

许基南（2004）基于内部和外部结合观点认为企业运作系统一般分为企业内部系统和外部系统，品牌竞争力产生并存在于企业内部系统和外部系统之中。产品、技术、人才和制度等内部来源是根本性要素，是决定品牌竞争力形成的主要变量。行业竞争、产业政策、政府动态等外部来源是辅助性要素和保障变量。

胡大立等（2005）基于差异化竞争优势的观点认为品牌差别优势产生品牌势能，当前产品的同质化程度提高，企业之间上升到以品牌为主体的竞争，品牌差异化优势呈现以下特征：①品牌优势来自品牌个性的差异化定位；②品牌优势还来自其独特的品牌文化；③品牌优势来自消费者接受性感知，在消费者心智资源上所占的差异性份额优势。王永龙（2003）将品牌差别优势划分为三种类型：①基于如质量、设计、式样、使用寿命等品牌产品特性或个性的优势，称为功能性差别优势；②基于如免费配送、安装、维修、退换、以旧换新服务等产品支持性服务的优势，叫作附加值差别优势；③基于顾客对企业综合实力、产品科技含量和品牌形象等感知所产生的品牌联想差别优势。品牌差别优势是品牌竞争力的源泉，要素优势转化是品牌差别优势形成的关键，顾客感知是品牌优势通向品牌竞争力的桥梁（胡大立、堪飞龙，2007）。顾客感知是一种比较性的主观认识和评价，是品牌及其所代表的产品、文化等在顾客头脑中的反映（武永红、范秀成，2004）。品牌顾客关系使顾客的心理产生强烈的归属感，进而产生品牌忠诚和顾客感知优势（白长虹等，2002）。

王琦和余明阳（2007）基于主体与客体综合的观点认为一方面来源于企业经营主体对产品品质、技术创新、品牌塑造、品牌宣传、营销渠道等基础性要素影响消费者决策，另一方面取决于消费者的品牌认知、品牌选择和购买决策。主客体双方的良好沟通在市场份额和市场盈利上的优势即形成品牌竞争力。

综合以上三种观点，笔者认为品牌竞争力的来源无论从宏观微观结合视角、差异化优势视角以及主客观结合视角，其归结点在于消费者品牌的认可和支持，这是品牌竞争力来源分析的核心所在，其余一切视角的来源分析仅在一定程度上解释消费者支持的原因之所在。因此，本书认为其余品牌竞争力来源于消费者的品牌忠诚度，而企业自身综合素质、品牌差异化塑造以及企业外部宏观要素为品牌忠诚度的解释变量，进而间接解释品牌竞争力的来源。

### 三、企业品牌竞争力形成机理的相关研究

由于竞争力具有综合性特征，各类来源因素不能自发地形成品牌竞争力，需要通过一系列组合及相互影响过程才能转化成品牌竞争力，如品牌质量保障要素需要专业人才、专业技术、产品设计、售后服务等诸多环节支持下才能够形成现实竞争力，品牌竞争力是在企业各类生产经营环节的动态过程中形成的。

世界经济论坛认为国际竞争力的形成过程是竞争资产和竞争过程的统一。许基南（2003）认为品牌竞争力是某一企业的品牌竞争资产、品牌环境和竞争力过程的整合统一。品牌竞争力的形成是一个动态的过程，因此要求企业在资源配置过程中，优化企业的价值链，成功地转换过程以增加价值，创造新的品牌竞争资产进而形成品牌竞争优势构建企业的核心能力。季六祥（2003）认为应注重于品牌竞争力全球化趋势的客观背景，并提出一个关于全球化的品牌竞争力生态解析的理论架构。查建平等（2009）认为品牌竞争力核心驱动因素使顾客对品牌的认识从形象认知层次向价值认知层次转变，从而实现品牌竞争力的提升。品牌竞争力的高低又会对顾客价值产生一定反作用。顾客价值是顾客购后行为的前因，同时顾客购后行为的改变会对品牌竞争力产生决定性作用。

黄永春和杨晨（2009）从外显性与潜力性构面探究了企业自主知识产权名牌

竞争力（IFB）的构成要素，并探析了潜力性竞争力与外显性竞争力的互动转化机理，构建了"潜力性竞争力（企业运营投入）—顾客感知价值（顾客感知过程）—外显性竞争力（企业运营产出）"的 IFB 运营机理分析框架，即企业的管理能力促进研发、生产、营销等潜力性竞争力的协同创新，并将潜力性竞争力外显化为新产品和服务；外显化的新产品和服务可增加顾客感知利得，降低顾客感知利失，创造顾客感知价值；顾客的感知价值则决定了顾客对企业新产品与潜力性竞争力的评判，并诱发顾客的消费行为，从而促进企业 IFB 知名度、认知度、美誉度以及忠诚度等外显性竞争力的形成与提升。

刘希宋和姜喜龙（2007）认为品牌是创新决策能力、R&D 能力、制造能力、资金能力和组织协调能力等内在能力综合的市场标识。企业的内在综合能力与品牌竞争力相互作用，相互协调发展，内部资源的有效整合产生持久的品牌竞争力。两者进一步导出企业创新力是实现持续的品牌竞争力的根本，通过企业创新能力与品牌竞争力的关联性和协调性模型提出乘数效应理论：企业创新能力的提高首先会使该企业的品牌竞争力同等程度的提高，给企业带来更大的市场份额和销售量，盈利部分再次投入企业扩大再生产为企业创新能力的提高提供资金保证。这种企业创新能力与品牌竞争能力的提高不断进行下去，形成一种连锁反应，最终使企业创新能力的提高数倍于最初的企业创新能力的提高。

以上学者关于品牌竞争力的形成机理的分析，总结起来主要从四个角度进行：①关注品牌竞争力形成过程中环境要素和核心竞争要素的影响；②将品牌竞争力看作企业内部各要素的综合函数，分析企业品牌竞争力在宏观竞争生态系统中的地位和作用；③从某一关键要素的视角深入分析形成机理，如顾客价值的形成和企业核心创新能力的关键性作用分析；④从内在潜力性竞争力与外显性竞争力的互动转化机理分析，揭示品牌竞争力的内在运营规律。这些观点客观上对本书研究具有启示作用，但缺乏对本土企业品牌竞争力形成机理的情境化分析，即中国自主企业品牌竞争力的来源要素及其相互影响的探讨是本书主要研究难点问题。

# 第三节　企业品牌竞争力测评的相关研究

本书核心内容是构建企业品牌竞争力测评理论体系，那么国内外学者关于企业品牌竞争力的评价体系、评价模型、评价方法的前期成果将是本书的重要理论基础，因此本节将对以下内容进行全面综述。

## 一、企业品牌竞争力测评的多维视角

关于品牌价值和品牌资产研究的思路和方法已较为成熟并趋于一致，关于企业品牌竞争力评价的结构尚未达到统一认识，导致评估品牌竞争力研究视角眼花缭乱，评价指标体系繁多且主观性较强，这说明品牌竞争力评估法还不完善，其体系性和科学性有待进一步研究。

David Aaker（1991，1997）认为品牌价值由品牌忠诚度、品牌知名度、消费者感知质量、品牌联想和其他品牌资产等要素构成，其还认为评价指标应包括短期的财务指标和忠诚度、认知、联想、知名度与市场行为等长期发展指标。基于品牌资产的视角将消费者对品牌知识的关注程度作为主要指标，其研究具有结论性解释作用，其局限性在于未考虑消费者品牌知识形成的基础性原因。Motamenti 等（1988）基于顾客潜力提出全球资产模型认为品牌竞争力由顾客潜力、竞争潜力和全球潜力三个指标来衡量。Landor 机构认为品牌竞争力评价由市场定位、产品类别、寿命、质量、个性和意象、媒体支持等市场指标组成（Keller，1993）。张世贤（2000）、余明阳等（2006）将市场占有率、超值利润率作为品牌竞争力评价的基础性指标。Keller（2006）基于消费者评价视角认为品牌的顾客价值优势导致品牌忠诚，品牌忠诚是品牌竞争力的核心衡量标准。世界品牌实验室（2005）从品牌认知度、品牌创新力、品牌占有率、品牌满意度、品牌忠诚度等衡量品牌竞争力，这些指标来源于消费者对品牌的直接评价和认可，同时也首推核心指标是品牌忠诚度（艾丰等，1997）。Interbrand 基于财务表现评价视角，衡量品牌价值采用品牌给企业带来的年平均利润和由 10 个一级指标构成的品牌强度因子的乘积形式（符国群，1999），而在品牌竞争力的 10 个评价指标中，市场领导力和国际性是两个最为重要的因素。沈占波等（2005）将品牌财务力指标作为衡量品牌竞争力的外显指标。此外，国内品牌竞争力评价研究学者将品牌的管理能力列入评价指标体系，如许基南（2004）提出企业管理能力、技术创新能力、人力资本和企业家、企业文化；王琦等（2008）提出资本筹措能力。

　　综上所述，国内外研究者对品牌竞争力的评价研究成果丰富，但普遍存在五方面的问题：①研究者视角多集中于财务、市场、消费者的个别方面，而较少关注品牌基础能力指标的层面，这影响了品牌竞争力评价指标体系的完备性。②竞争力的本质是竞争主体具有可持续性的比较优势，因此必须考虑其未来发展的动态性，而当前一些研究集中于财务状况及市场竞争表现，基本反映的是品牌过去或现在的表现，消费者支持指标也只是在一定程度上反映品牌未来的发展趋势，而企业内部对品牌建设的各种支持才是品牌发展的基础，然而这恰是当前品牌竞争力评估研究的不足，这将影响评价体系的动态性。③多数研究成果只是一种基于主观经验和理论的一般假设，缺乏大量数据的实证检验，影响了品牌竞争力评价体系的稳定性。④指标选择方面彼此之间不免存在相关和交互影响关系，这需要结合大量数据对指标进行因子分析且屏蔽掉重叠因子，使品牌体系精简实用。同时关于品牌竞争力影响要素作用机理的研究较少，需要对各项指标的影响系数进行相关分析，找出关键影响因子，而这两点目前来说都缺乏实证研究。⑤多数研究成果浅尝辄止于评价指标体系的构建，未能将指标体系合成，致使品牌竞争力评价研究的应用状况不可知，大大降低了本领域学术研究的应用价值。

　　基于此，笔者认为西方学者在品牌价值和品牌竞争力的测评研究仍存在一些分歧，尤其是国内学者仍然处于定性研究评价体系的初级研究阶段，大量实证研究在笔者资料搜集能力范围内仍然少见，大部分学者仍处于将西方成型理论引入阶段，西方研究成果虽然能为我国品牌竞争力研究提供一定的借鉴，但由于社会制度、历史文化、经济发展和市场结构的差异，我们不应照搬西方学者的研究成果，而应该结合我国国情和我国自主企业品牌的实践，深入探讨我国自主企业品牌竞争力的含义和评价维度，开发适于中国商业竞争情景的品牌测评量表。

### 二、企业品牌竞争力测评体系的研究

如何对品牌竞争力进行评价是品牌研究的一个重要方面，上文对国外各研究中具有代表性的五个视角进行了分析。国内学者关于如何对品牌竞争力进行评价的研究起步较晚，大都借鉴或进一步深化国外既有研究成果，笔者将具有代表性的研究结论列于表2－2。

表2－2　品牌竞争力的评价指标体系研究

| 年份 | 作者 | 指标体系 |
|---|---|---|
| 1996 | 张世贤 | 基本指标：市场占有率、超值利润率<br>附加指标：品牌的知名度、已使用年限、在同类市场上的领导能力、越过地理文化边界的渗透能力等 |
| 2001 | 张水安 | 品牌市场占有能力、超额获利能力、品牌发展潜力、动态指标（市场份额的上升） |
| 2004 | 许基南 | 品牌市场能力、品牌管理能力、品牌基础能力 |
| 2005 | 胡大立等 | 市场指标：市场占有率、超值利润率、扩张潜力<br>顾客指标：知名度、美誉度、忠诚度 |
| 2005 | 沈占波 | 外显性指标：市场力、形象力、财务力<br>潜力性指标：品牌质量支撑力、品牌创新力、品牌资源筹供力、品牌市场营销力 |
| 2006 | 刘希宋等 | 自主品牌创新能力主要由以下要素构成：技术创新能力、创新管理能力、制造能力、行销能力、协调创新能力、创新产出能力 |
| 2008 | 余明阳<br>罗文军 | 核心能力：市场能力、资本能力、管理能力、技术能力、企业资源<br>互动过程：技术、管理、战略、制度、组织和市场创新<br>顾客：市场份额、超额利润、品牌形象 |
| 2008 | 余可发 | 品牌赢利力、品牌市场力、品牌权益力、品牌国际影响力 |
| 2008 | 韩福荣等 | 品牌知晓度、品牌知名度、品牌美誉度、品牌忠诚度、品牌联想度 |

资料来源：根据相关文献整理。

通过对国内研究者对企业品牌竞争力评价指标的研究进行梳理，目前品牌竞争力评价指标主要集中在财务要素、消费者要素和市场要素这三大传统影响因素，虽然对于对品牌竞争力形成的基础性要素开始涉及，但其研究仍处于探索性阶段，对于各影响要素之间的内在联系研究不够深入。

### 三、企业品牌竞争力测评模型的研究

本书主要关注国内外主流的品牌竞争评估机构和权威学者得到广泛传播和认可的评价模型，权威的品牌竞争力模型包括：Keller 顾客价值模型、Aaker 五要素模型、Interbrand 模型和中国品牌资产评估模型。

（一）Keller 品牌资产金字塔分析模型

Keller 首次提出基于顾客的品牌资产概念，并构建了基于顾客的品牌资产金字塔模型。该模型将品牌资产分为四个层次，由下至上依次为：品牌识别、品牌内涵、品牌反应和品牌关系。品牌识别反映品牌被消费者知晓的程度，用品牌显著性来衡量；品牌内涵回答品牌是什么的问题，从品牌性能的理性层面和品牌形象的感性层面解释；品牌反应回答消费如何看待品牌，针对品牌性能形成品牌评价，针对品牌形象形成品牌感知；品牌关系反映品牌与消费者的契约度，反映品牌与消费者的共鸣程度。从品牌识别到品牌关系反映品牌资产在消费者心理形成的全过程。

模型针对每个核心维度设置具体问题进行测量，不仅能全面了解品牌资产的现状，而且能详细了解每个环节对品牌资产形成的影响。从消费者视角测评品牌资产虽然抓住了本质问题，但是其局限性未考虑外部要素的影响和企业自身努力的基础要素，偏于学术研究而疏于实践应用。

（二）Aaker 五星模型及十要素评估法

Aaker 于 1991 年提出著名的品牌资产"五星模型"，认为品牌价值由五个层面要素构成，包括品牌忠诚度（Brand Loyalty）、品牌知名度（Brand Awareness）、消费者感知质量（Perceived Quality）、品牌联想（Brand Association）和其他品牌资产如品牌专利权和品牌网络关系等。1996 年 Aaker 为增强模型的应用价值提出了品牌价值十要素（见表 2 - 3）。

Aaker 基于营销学的品牌资产价值评估法对传统的财务评价视角具有里程碑式的突破意义，提升了非财务指标在品牌资产评价中的重要作用，但同时也存在局限性。首先，对于指标的重要性排序未作说明，按照模型显示为并列关系，而事实上并非如此；其次，定性指标的定量转化和调研咨询带来的主观性误差难以

消除；最后，对于品牌资产形成的机理未作逻辑分析，影响了模型的实践应用性。

表 2 – 3 Aaker 品牌价值构成要素

| 要素 | 内容 |
|---|---|
| 忠诚度指标 | 1. 价格优势<br>2. 满意度与忠诚度 |
| 认知品质与领导力指标 | 3. 认知品质<br>4. 领导力声望 |
| 联想差异性指标 | 5. 可感知价值<br>6. 品牌个性<br>7. 组织联想 |
| 知名度指标 | 8. 品牌知名度 |
| 市场行为指标 | 9. 市场份额<br>10. 市场价格和分销渠道 |

（三）Interbrand 品牌价值评估模型①

2011 年，Interbrand 首创的品牌价值评估方法获得了国际标准化组织 ISO 10668：2010 的认证，它也是全球第一家获得此项权威认证的品牌策略顾问机构。ISO 10668 是国际化的规范，规定了用于决定品牌实际经济价值的工作流程和方法必须达到的标准。它定义了一致可信的品牌评估方式，将经济、法律和行为科学等方面的因素纳入考量范畴。当一种品牌在出售时，应有其确定的价格将品牌作为一项无形资产，列在资产负债表上。Interbrand 公司设计出了衡量品牌价值的公式：$V = P \times S$。其中，$P$ 为品牌未来收益，$S$ 为品牌强度倍数，$V$ 为品牌价值。分为三个阶段计算品牌价值：第一阶段计算品牌未来净收益，通过品牌作用指数分析五年来品牌在无形资产创造收益的比重；第二阶段，计算品牌强度倍数，反映未来收益的可能性，品牌强度由十大因素构成（见表 2 – 4），$S$ 取值范围 6 ~ 20；第三阶段计算品牌价值，等于品牌未来净收益与品牌强度倍数之积。

---

① 资料来源：根据 Interbrand 官方网站整理。

表2-4　Interbrand 模型品牌强度构成因素

| 要素 | 权重 | 内容 |
|---|---|---|
| 真实性 | 10% | 品牌是否基于产品的实际能力而建立,是否继承和传达了明确的理念及良好的价值观,是否可以满足消费者对其期望 |
| 清晰度 | 10% | 品牌价值观、品牌定位和品牌主张是否阐述明确,使消费者在看到或听到这个品牌的时候可以立刻知道并了解这些内容 |
| 内部重视高度 | 10% | 品牌在组织决策层面的高度,品牌在运作时间、得到的关注和获得投资方面的支持程度 |
| 品牌保护 | 10% | 品牌在各种层面得到保护的程度,包括法律保护、专利成分和设计、制式、品牌地理分布与企业社会责任等 |
| 品牌反应力 | 10% | 由品牌自身的领导意识和不断自我发展和更新的愿望带来的,可以应对变化和主动创造新机会的能力 |
| 一致性 | 10% | 在各个接触点或各种传播方式上,品牌承诺被消费者所认同的程度 |
| 差异性 | 10% | 消费者/顾客所感知的该品牌定位与其竞争对手定位之间的区分度和独特性 |
| 品牌存在性 | 10% | 对于品牌的谈论无处不在,品牌获得消费者、客户、舆论、社会媒体包括雇员的正面评价的程度 |
| 相关性 | 10% | 品牌在所有的人群分类和地理区域中,可以满足客户/消费者的需求和期望的程度 |
| 与品牌理解度 | 10% | 客户和雇员不仅是知晓该品牌,并且对品牌的内涵有着深度的理解和洞察的程度 |

资料来源:根据 Interbrand 官方网站整理。

英特公司的品牌资产价值评估方法从品牌运作系统的十个因素着手,客观上反映了品牌实力是由品牌运作系统多个因素决定的事实,对品牌未来收益转化为现实收益的风险作出估计,用 S 形曲线将品牌实力得分与品牌因子联系起来是本法重要的创新。英特公司的品牌资产价值评估方法虽然应用广泛,但其也存在一些局限性:首先,在评估品牌价值时很难将其与其他无形资产相分离,尤其是规定一个比例确定为品牌的收益,带有较强的主观色彩;其次,由于品牌的未来收益存在不确定性,即对未来若干年销售、利润情况的预测可能存在较大的偏差,因此该方法理论基础的可靠性受到质疑;最后,该评估方法评定品牌实力时所考虑的十个因素的选择以及权重是否恰当,还需要大量的实证检验。

（四）中国品牌资产评估模型

北京名牌资产评估中心认为品牌资产的最终价值体现在消费者的购买上面，构建了中国品牌资产价值评估模型：P = M + S + D。其中：M 代表品牌的市场占有能力，其代表指标是产品的销售收入；S 代表品牌的超值创利能力，即超过同行业平均创利水平的能力，其代表指标是利润和利润率；D 代表品牌的发展潜力。行业调整系数采用 5 年移动平均法，在总价值中三部分的构成比重平均为 4∶3∶3。计算模型设计既借鉴国际权威又考虑中国实际，在国内具有一定的学术价值和实践意义。然而其局限性昭然若揭，"红塔山"在中国品牌资产价值评估以来多次居于榜首，但其品牌管理和消费者评价均有问题。形成这种状况的原因主要在于使用的评估方法太过偏重于市场业绩要素贡献，消费者要素的缺乏难以反映出品牌资产的真正驱动因素，因此在将来的评估中如何强化消费者要素是评估机构所需要考虑的一个问题（樊而竣、孙焕琴，2003）。

**四、企业品牌竞争力测评方法的研究**

品牌竞争力的方法研究多集中于关于竞争力、企业竞争力等成熟的评价方法，比较有代表性的研究方法有因素分析法、对比差距法、内涵解析法、模糊综合评价法、综合指数评价法、多元数理统计方法、DEA 方法和人工神经网络评价法。综合以上评价方法的优缺点比较，考虑品牌竞争力评价指标体系的特点，本书拟采用多指标综合指数法，并辅助运用多元数理统计如因子分子、主成分分析等。指数能够用来反映复杂社会经济现象总体的综合变动方向和变动程度，也可用来分析社会经济现象在长时间内的变化趋势。指数的编制方法总体上可以分为两类，即简单指数法和加权指数法。简单指数法排除重要性或权重对事物的影响，只研究事物某种表象的变化；加权指数法则是将不可度量的多种变量通过加权的方法求得反映复杂现象变化的指数。综合指数评价法可以建立反映企业品牌竞争力的数学模型，依据综合平均指数的大小确定本企业在同行业中的地位，根据各项指标指数得分制定企业发展战略。

综合以上关于品牌竞争力评价模型的对比，对于品牌竞争力的评价主要从品牌财务表现、市场表现和消费者支持的视角展开，或者是其中一个或两个方面，或者是其中两个组合的形式。笔者认为，品牌竞争力是各种要素的综合效应，单从一个视角虽然可以研究得更深入，但竞争力综合效应的深层测评无法实现。综合评价模型中仍存在着以下较为明显的缺陷：首先，评价要素的选取仍没有超出财务要素、消费者要素和市场要素，以上三者仍属于外显性结果变量，缺乏诸如非财务指标能够探索品牌竞争力形成机理的内显性解释变量；其次，现有的综合评价模型忽视了品牌设计、品牌定位、品牌传播、品牌延伸和品牌维护等一系列涉及品牌运作管理过程的基础性评价要素；最后，现有评价模型对于各影响要素之间的内在作用机理的探索不够深入，忽视财务要素与非财务要素之间的关联性将影响评价模型的准确性。

# 第四节  对现有研究的评价及本书探索的方向

任何一个研究都会有其众多的局限和不足，企业品牌竞争力问题的研究也不例外。在上文中，笔者阐述了现有研究存在的诸多问题，但是笔者并不打算在所有的方面做深入探讨，而是从中选择以下五个方面对现有研究做概括性评价，并阐述笔者的研究方向。

## 一、测评视角探索：由单一要素决定论向多元要素综合论转变

通过对国内外关于品牌价值和品牌竞争力评价的综合研究，发现评价要素的选取仍没有超出财务要素、消费者要素和市场要素这三大传统影响因素。例如，Interbrand 着重财务指标测评品牌价值，世界品牌实验室基于消费者品牌忠诚度构建评价模型，Aaker 从消费者支持层面构建十个品牌竞争力评价指标，Landor机构基于市场表现构建品牌竞争力评价指标体系。笔者认为，品牌竞争力是各种要素的综合效应，单从一个视角虽然可以研究得较为深入，其弊端在于对竞争力综合效应的评价过于片面。采取单一的财务指标只能显示企业在过去末段时间内的绩效表现，对未来的预测仅基于过去的财务平均增长水平，离开对企业内外部

环境的动态变化，思考其评价缺乏基础依据；采取单一的市场指标如市场占有率、超额盈利能力等测评品牌竞争力，其逻辑思路与财务思维主导的缺陷相差无几，只能反映企业品牌竞争力的过去或现在的水平，对于未来的预测无法预知。两种测评视角均不能明确品牌竞争力的内部运行机制，很难发现真正的品牌资产驱动因素。采取单一的消费者较好地解释了品牌资产的来源以及品牌的内部运行机制，对品牌战略、品牌日常管理，特别是在如何提高品牌忠诚度方面具有一定指导作用。但是，这种观点对竞争者、企业发展战略诸因素考虑较少，基于这种观点形成的品牌战略不可避免地缺乏一种全局的、系统的眼光。

尽管目前学界已经摆脱了传统的单一要素决定论的传统测评理念，综合全面分析成为主流的发展趋势，但在综合评价模型中发现仍存在财务要素、消费者要素和市场要素这三大传统影响因素的组合，如北京名牌资产评估中心的品牌资产评估模型为市场要素和财务要素的组合。本书尝试由单一要素决定论向多元要素综合论过渡，其中多元要素中考虑企业内外部环境的影响以及企业本身对品牌塑造的综合素质基础性评价，如行业发展趋势、品牌危机处理能力等重要指标。

**二、测评内容探索：由财务静态表现指标主导向非财务动态解释指标兼顾转变**

20 世纪七八十年代，因为"全面质量管理"（Total Quality Management，TQM）与"顾客满意度"被公认为不可或缺的企业核心竞争力，非财务性的绩效指标才稍稍撼动了以财务为主的管理思潮。股东利益最大化财务观点没有明确品牌资产的内部运行机制，缺乏对真正的品牌资产驱动因素的探索，因此对于品牌具体管理缺乏指导性。

本书认为竞争力的本质是竞争主体具有可持续性的比较优势，因此必须考虑其未来发展的动态性。现有的综合评价模型没有对品牌的运作管理过程和品牌资产的价值基础进行全方位的分析研究，忽视了品牌设计、品牌定位、品牌传播、品牌延伸和品牌维护等一系列品牌战略的综合影响，也没有将顾客、企业、政府以及媒体等品牌相关利益者之间的主客体互动影响纳入评价体系，这些非财务指标虽然在数据获取方面存在一定主观性、经验性、片面性等疑难，但其在整个竞争力的评价体系中举足轻重，本书力争弥补单一财务数据评价的片面性，尝试由财务静态外显性指标主导的评价思维向非财务动态解释指标兼顾的评价思维转变。

### 三、测评机理探索：由多层次加权分析向多变量结构分析转变

现有对企业品牌竞争力的研究重点还在内涵和测评方面，指标选择方面彼此之间不免存在相关和交互影响关系，这需要对指标结合大量数据进行因子分析屏蔽掉重叠因子，使品牌竞争力评价体系精简实用，现有的品牌竞争评价模型对于各影响要素之间的内在联系探求不够，要素关系分析基本在层次分析法和模糊数学之间徘徊，关于品牌竞争力影响要素的作用机理研究较少。在管理实践中，消费者对品牌的认知与态度常常直接影响其购买行为，并最终对品牌市场的表现产生影响。市场要素与财务要素之间也不具有很强的独立性。忽视影响要素之间的相关性将使综合多要素的评价模型变成简单的多个要素加权，同时也造成了评价要素的多次计量，从而影响了评价模型的准确性。但以上学者关于品牌竞争力形成机理的探索客观上对本书研究具有启示作用，不足之处是缺乏对本土企业品牌竞争力形成机理的情景化分析和结构化分析，即中国自主企业品牌竞争力的来源要素及其相互影响的探讨是本书主要研究难点问题。

### 四、测评情境探索：由西方既有成果引入向中国情境理论创新努力

西方在 20 世纪 90 年代主流期刊上关于品牌资产、品牌竞争战略的文章数量剧增，而我国品牌学术研究起步较晚，真正在国内主流学术期刊上发表文章始于 21 世纪初期。大部分学者仍处于将西方成型理论引入阶段，西方研究成果虽然能为我国品牌竞争力研究提供一定的借鉴，但由于社会制度、历史文化、经济发展和市场结构的差异，我们不应照搬西方学者的研究成果。笔者认为西方学者在品牌价值和品牌竞争力的测评研究上仍存在一些分歧，国内学者仍然处于定性评价体系的初级研究阶段，我们需要在西方既有研究框架下结合我国商业文化背景和我国自主企业品牌的实践，深入探讨我国自主企业品牌竞争力的含义和评价维度，开发适于中国商业竞争情境的品牌测评量表。

### 五、测评方法探索：由品牌资产绝对值向品牌竞争力指数相对值转变

基于前文概念界定，品牌竞争力和品牌价值有着内在的本质联系，但不能将品牌价值评估等同于品牌竞争力评估。品牌竞争力的表现形式有多种，可以从多个不同层面表现出来，而品牌价值就是品牌竞争力的一个表现形式。品牌的价值是以绝对值的形式来表现的，价值越高，竞争力越强，而竞争力则是在一定社会市场条件下，同类产品的品牌之间竞争能力强弱的相对表现。为此，笔者需要采取指数的形式即一种相对值的形式反映其竞争状况。

# 本章小结

本章对国内外有关企业品牌竞争力研究既有成果进行梳理，分别从品牌竞争力的相关概念界定、品牌竞争力的影响因素及来源、品牌竞争力形成机理、品牌竞争力评价方法及模型等研究领域展开综述。笔者针对企业品牌竞争力实践测评中的困惑和理论解释力的不完善，提出了五个探索性研究方向：①测评视角探索：由单一要素决定论向多元要素综合论转变。②测评内容探索：由财务静态表现指标主导向非财务动态解释指标兼顾转变。③测评机理探索：由多层次加权分析向多变量结构分析转变。④测评情境探索：由西方既有成果引入向中国情境理论创新努力。⑤测评方法探索：由品牌资产绝对值测评向品牌竞争力指数相对值测评转变。

# 第三章　企业品牌竞争力测评的探索性研究

扎根理论是一种规范的定性研究方法论，尤其适合于不同情境下理论创新构建。基于对本书研究问题特点和性质的分析及对现有企业品牌竞争力文献梳理的基础之上，系统、规范的扎根理论方法非常适于进行品牌竞争力测评机理的探索性研究。本章主要通过质性研究思路的设计、质性资料三次译码分析和质性研究的效度信度分析，最终得出质性研究的结果。

## 第一节　基于扎根理论的质性研究设计

### 一、研究主题及提纲设计

（一）研究主题设计

本书以具有一定企业品牌管理工作经验的中高层管理者以及品牌战略研究领域的相关专家学者为样本，采用质性分析方法，寻求企业品牌竞争力评价的因素。研究主题包括：

（1）探讨企业品牌竞争力的内涵和外延。

（2）探索企业品牌竞争力的来源及影响因素。

（3）探讨目前国际主流的品牌价值测评机理的缺陷，以及中国自主企业品牌竞争力的本土化测评包括哪些维度和指标。

（4）探讨企业品牌竞争力的形成机理，即核心要素之间的相互影响机制。

（二）研究提纲设计

本书以专家座谈会的形式收集数据，访谈提纲包括座谈目的、样本选取、资料处理等内容。主要涉及以下几个问题：

（1）访谈者的性别、年龄、学历、工作单位、职位、擅长领域等人口统计学资料。

（2）请您谈谈品牌对于企业发展的重要性。

（3）请您分析一下目前自主品牌和外资品牌的竞争情况。

（4）您认为企业品牌竞争力的内涵和外延应如何界定？

（5）您认为的企业品牌竞争力来源有哪些？您认为哪些因素影响企业品牌竞争力？

（6）您认为 INTERBRAND 的品牌价值测评体系[①]是否合理？为什么？

（7）您认为应该从哪些维度评价中国本土企业品牌竞争力？尽可能全面地列出您认为的维度和其下面的具体指标。

（8）请您对以上中国本土企业品牌竞争力评价指标的重要性进行排序，并针对您认为的核心指标相互作用机理进行分析。

（9）能否讲述您企业品牌竞争力管理成功的经历？主要解决了什么问题？取得了哪些业绩或收获？

（10）能否讲述您帮助某个企业品牌提升竞争力的成功咨询案例？主要解决了什么问题？取得了哪些业绩或收获？

以上问题中（4）（6）和（10）主要针对品牌战略研究的专家学者提出，问题（9）主要针对品牌经营管理者提出。

---

① 关于 INTERBRAND 的品牌价值评价说明：$E = I \times G$。其中，$E$ 为品牌价值；$I$ 为品牌给企业带来的年平均利润；$G$ 为品牌强度因子。其中通过品牌强度因子表示品牌为企业带来的竞争力，品牌强度由十大因素构成：真实性、清晰度、内部重视高度、品牌保护、品牌反应力、一致性、差异性、品牌存在性、相关性与品牌理解度。

## 二、抽样及资料收集

### (一) 样本选择

基于质性研究的理论构建需要采样，选择样本的唯一标准即所研究理论下一步需要什么数据，本书采取的是"目的性抽样"的原则，抽样选择以下三类人群：第一类为中国社会科学院《中国企业品牌竞争力指数评价研究》课题组成员，大多数均为品牌管理或竞争力战略研究的专家学者；第二类为中国社会科学院品牌管理委员会的企业会员单位中具有一定企业品牌管理工作经验的中高层管理者；第三类为中国社会科学院品牌管理委员会中常务理事或理事，均为品牌战略研究领域的专家学者。抽样对象基本信息如表3-1所示。

表3-1　质性研究抽样对象基本信息

| 抽样对象 | 工作单位 | 职位 | 擅长领域 | 性别 | 年龄 | 学历 | 资料收集方式 |
|---|---|---|---|---|---|---|---|
| KT1 | 社科院 | 研究员 | 品牌竞争力 | 男 | 50 | 博士 | 内部研讨会 |
| KT2 | 社科院 | 研究员 | 产业竞争力 | 男 | 48 | 博士 | 内部研讨会 |
| KT3 | 社科院 | 副研究员 | 品牌管理 | 男 | 46 | 博士 | 内部研讨会 |
| KT4 | 市场学会 | 副秘书长 | 品牌管理 | 男 | 43 | 博士 | 内部研讨会 |
| KT5 | 品牌委 | 副秘书长 | 品牌管理 | 男 | 47 | 博士 | 内部研讨会 |
| KT6 | 品牌委 | 副秘书长 | 品牌竞争力 | 男 | 45 | 硕士 | 内部研讨会 |
| KT7 | 首都经贸 | 教授 | 品牌管理 | 男 | 51 | 博士 | 内部研讨会 |
| KT8 | 对外经贸 | 教授 | 品牌测评 | 男 | 48 | 博士 | 内部研讨会 |
| KT9 | 辽宁大学 | 无 | 品牌竞争力 | 男 | 30 | 博士 | 内部研讨会 |
| KT10 | 首都经贸 | 无 | 品牌管理 | 男 | 27 | 硕士 | 内部研讨会 |
| ZJ1 | 社科院 | 研究员 | 产业竞争力 | 男 | 58 | 博士 | 课题研讨会 |
| ZJ2 | 社科院 | 研究生 | 品牌战略 | 男 | 32 | 博士后 | 课题研讨会 |
| ZJ3 | 北京大学 | 教授 | 品牌管理 | 男 | 45 | 博士 | 课题研讨会 |
| ZJ4 | 北京农大 | 副教授 | 品牌管理 | 男 | 42 | 博士 | 课题研讨会 |
| ZJ5 | 安徽市场学会 | 秘书长 | 营销管理 | 男 | 53 | 博士 | 课题研讨会 |
| ZJ6 | 海南市场学会 | 会长 | 营销管理 | 男 | 48 | 博士 | 课题研讨会 |
| ZJ7 | 济南市场学会 | 会长 | 品牌管理 | 男 | 48 | 博士 | 课题研讨会 |
| ZJ8 | 温州市场协会 | 会长 | 营销管理 | 男 | 47 | 硕士 | 课题研讨会 |

续表

| 抽样对象 | 工作单位 | 职位 | 擅长领域 | 性别 | 年龄 | 学历 | 资料收集方式 |
|---|---|---|---|---|---|---|---|
| ZJ9 | 河南市场学会 | 秘书长 | 品牌管理 | 男 | 56 | 博士 | 课题研讨会 |
| ZJ10 | 辽宁市场学会 | 秘书长 | 品牌营销 | 男 | 57 | 硕士 | 课题研讨会 |
| QY1 | 国有企业 | 副总 | 营销战略 | 男 | 52 | 博士 | 企业家座谈会 |
| QY2 | 民营企业 | 总经理 | 品牌战略 | 男 | 46 | 博士 | 企业家座谈会 |
| QY3 | 国有企业 | 副总 | 品牌战略 | 男 | 50 | 博士 | 企业家座谈会 |
| QY4 | 民营企业 | 总监 | 品牌运营 | 男 | 39 | 硕士 | 企业家座谈会 |
| QY5 | 民营企业 | 副总 | 品牌管理 | 男 | 45 | 博士 | 企业家座谈会 |
| QY6 | 民营企业 | 副总 | 品牌形象 | 女 | 42 | 本科 | 企业家座谈会 |
| QY7 | 民营企业 | 副总 | 品牌管理 | 男 | 48 | 博士 | 企业家座谈会 |
| QY8 | 民营企业 | 副总 | 品牌策划 | 女 | 50 | 本科 | 企业家座谈会 |
| QY9 | 国有企业 | 副总 | 品牌管理 | 女 | 43 | 博士 | 企业家座谈会 |
| QY10 | 国有企业 | 副总 | 品牌营销 | 男 | 57 | 硕士 | 企业家座谈会 |

（二）资料收集

访谈是经典扎根理论研究中非常重要的数据收集方法，为提高资料收集的效率，本书的研究中多次使用召开小型座谈会的方法进行访谈该方法，笔者不断提出问题，由参加者自由讨论，对研究样本的主要负责人和利益相关者进行深度访谈。

1. 课题内部专家研讨会

2011 年 3 月主要针对中国社会科学院《中国企业品牌竞争力指数评价研究》课题组成员首次召开内部研讨会，会议时间为 2 个小时，会议地点在中国社会科学院主管的经济管理出版社会议室，主要针对企业品牌竞争力测评的维度和形成机理展开自由式讨论，笔者不仅参与了讨论还承担了主持人的角色，因此对于数据的收集具有一定的全面性。此外，本次会议对于整个研究框架进行了周密的设计。

2. 课题外部专家研讨会

2011 年 4 月主要针对中国社会科学院《中国品牌管理委员会》的常务理事（学术单位）成员首次召开课题外部研讨会，会议时间为 3 个小时，会议地点在中国市场学会会议室。主要针对企业品牌竞争力测评机理、国内外品牌评估的对比，中国自主企业品牌竞争力评价的本土性问题展开自由式讨论，另外收集了关于企业品牌竞争力咨询的成功案例作为事件数据。

3. 课题外部企业家座谈会

2011 年 4 月主要针对中国社会科学院《中国品牌管理委员会》的常务理事（企业单位）成员首次召开课题外部研讨会，会议时间为 3 个小时，会议地点在中国市场学会会议室。主要针对企业品牌竞争力测评指标，中国自主企业品牌竞争力评价的本土性问题展开自由式讨论，另外收集了关于企业品牌竞争力成功案例作为事件数据。

此外，2011 年 3 月 18 日的中国企业品牌竞争力指数课题研讨会、2011 年 8 月 15 日的中国企业品牌竞争力指数理论成果发布会、2012 年 4 月 13 日的企业品牌竞争力指数报告论坛等大型会议上有关政府领导、专家学者、企业家的精彩发言也是本书的重要数据来源。

**三、资料分析方法**

研究方法采用一种从经验资料的基础上建构理论的质性研究方法——扎根理论。扎根理论主要对收集上来的有关企业品牌竞争力测评资料进行译码分析，包括开放式译码、主轴译码和选择性译码三个过程。资料分析借助定性研究分析工具 SR NVivo8.0，建构核心概念模型等分析工作。

# 第二节  资料分析

扎根理论对资料进行逐级编码和建模，包括三个级别的编码，其逻辑顺序分别为：首先，通过开放式译码的分析过程得出三个层次的主题词；其次，通过关联式译码又称主轴译码对不同层次的主题词进行逻辑关联；最后，核心式译码又称选择性译码找出核心范畴重组其他范畴（Strauss and Corbin，1990）。

## 一、开放式译码

开放式译码指将资料记录逐步进行概念化（Conceptualizing）、规范化（Standardization）和范畴化（Find Conceptual Categories），确定范畴的属性和维度。首先，针对每个可以衡量或评估品牌竞争力的事件或事实进行贴标签，合并意义完全相同或类似标签 180 个，并对上述标签所指涉的现象赋予了 120 个概念。其次，对概念化词条进行学术定义，建构了 100 个一级主题词，语意呈现出三种关系：①相关关系，如品牌产品渠道、品牌市场占有率和品牌议价能力，这三个主题词从三个不同的角度描述了品牌的市场化操作能力，分别从不同的角度阐述或解释了同一个现象。②同意关系，本书中指主题词表述了同一个现象或事件，可以将其凝结成一个概念。这在本书的主题分析中出现八组同意关系的主题词，如品牌资产周转与品牌资金流动，两者兼具有资金运转方面的同意关系，经过概念合成后得到 80 个主题词。③属分关系，本书中指不同主题词囊括或从属于某个主题词，如销售收入增长率与近三年销售收入年均增长率就是一种属分关系，属分关系分析并不主要用于下面的范畴形成，也为后续的主轴译码奠定基础。经由主题规范化的程序，能够在概念之间建立关联并明确概念之间的关系，从而为范畴化提供了依据与指导方向。概念化对资料中现象进行标识得到了庞大的概念群。本书将具有同意或相关关系的主题词抽出进行组合形成范畴，共得出五个三级主题词（主范畴）和 22 个二级主题词（一般范畴）。开放性译码的部分过程如表 3 - 2 所示。

## 二、主轴译码

主轴译码将品牌竞争力测评的三个级别主题编码进行关联，执行过程围绕品牌竞争力形成这一主轴线来进行，关联类别之间的关系有助于本书将品牌竞争力现象脉络化。典范模型是扎根理论方法的一个重要分析工具，可以运用于主轴编码，探索品牌竞争力的产生条件、脉络情境以及策略和结果，得出品牌竞争力测评主范畴。典范模型的具体应用如图 3 - 1 所示。

#### 表 3 - 2　质性研究开放式译码示例

| 现象摘要 | 概念化 | 范畴化 | 范畴的属性 | 范畴的维度 |
|---|---|---|---|---|
| $a_1$：企业每年投入大量资金和人才进行技术创新进而生产新产品<br>$a_2$：公司成立专门的人才队伍专注于品牌建设，并设立品牌管理部<br>$a_3$：企业每年新产品、新品牌的开发能力和市场效果如何？<br>$a_4$：注册产品及品牌商标专利，并在国外相关地区也进行专利注册<br>$a_5$：新产品的研发与市场投入较老产品或老品牌的替代比率<br>……<br>…… | $aa_1$：技术创新投资效果<br>$aa_2$：品牌专项人力资源比例<br>$aa_3$：新产品开发速度<br>$aa_4$：品牌专利保护能力<br>$aa_5$：新产品替代率<br>……<br>…… | $A_1$：品牌发展力<br>（$A_{11} - A_{15}$）<br>$A_2$：品牌塑造力<br>（$A_{21} - A_{24}$）<br>$A_3$：品牌支持力<br>（$A_{31} - A_{36}$）<br>$A_4$：品牌市场力<br>（$A_{41} - A_{44}$）<br>$A_5$：品牌资本力<br>（$A_{51} - A_{53}$）<br>…… | $A_1$：品牌发展力<br>$A_{11}$：品牌技术创新力<br>$A_{12}$：品牌战略投资力<br>$A_{13}$：企业综合能力<br>$A_{14}$：市场营销能力<br>$A_{15}$：行业发展潜力<br>……<br>…… | $A_{11}$：品牌技术创新力<br>$aa_1$：技术创新投资效果<br>$aa_2$：品牌专项人力资源比例<br>$aa_3$：新产品开发速度<br>$aa_4$：品牌专利保护能力<br>$aa_5$：新产品替代率<br>$A_{12}$：品牌战略投资力<br>$A_{13}$：企业综合能力<br>$A_{14}$：市场营销能力<br>$A_{15}$：行业发展潜力<br>…… |

资料来源：笔者整理。

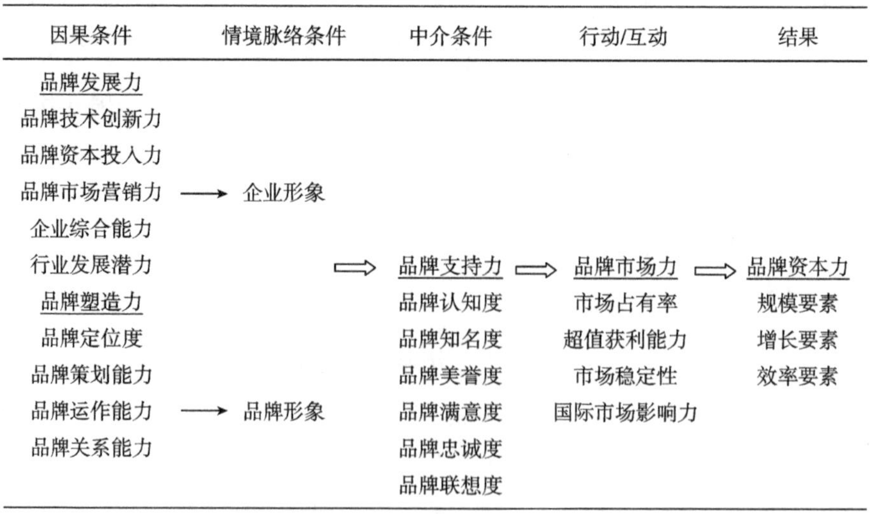

| 因果条件 | 情境脉络条件 | 中介条件 | 行动/互动 | 结果 |
|---|---|---|---|---|
| 品牌发展力<br>品牌技术创新力<br>品牌资本投入力<br>品牌市场营销力　→<br>企业综合能力<br>行业发展潜力<br>品牌塑造力<br>品牌定位度<br>品牌策划能力<br>品牌运作能力　→<br>品牌关系能力 | 企业形象<br><br><br>品牌形象 | 品牌支持力<br>品牌认知度<br>品牌知名度<br>品牌美誉度<br>品牌满意度<br>品牌忠诚度<br>品牌联想度 | 品牌市场力<br>市场占有率<br>超值获利能力<br>市场稳定性<br>国际市场影响力 | 品牌资本力<br>规模要素<br>增长要素<br>效率要素 |

#### 图 3 - 1　企业品牌竞争力测评的典范模型

资料来源：笔者整理。

### 三、选择性译码

选择性译码的主要任务是核心范畴，并连接其他范畴形成一个完整的解释架构。本书选取核心范畴的准则为：①核心范畴占据中心位置，并联结所有其他的主要范畴；②核心范畴的逻辑解释架构具有一致性；③核心范畴应具有足够的抽象性，进而发展出更具普遍性的理论；④核心范畴能够解释资料所呈现出的变异性与重点（Strauss，1987）。按照以上标准，对中国自主企业而言，品牌竞争力形成的探索至关重要，其是品牌竞争力测评的基础和依据。因此，以企业品牌竞争力的形成过程为核心范畴统领五个主范畴以及 22 个一般范畴，概括起来包括企业综合实力、技术创新力、战略投资力等品牌发展力维度为品牌竞争力形成的前提，品牌定位、品牌策划和运作等品牌塑造力维度为品牌竞争力形成的基础，品牌市场支持力、品牌市场表现力和品牌资本力是品牌竞争力形成的结果，由此可以从解释性指标和结果性指标衡量品牌竞争力，解释性指标包括品牌发展力和品牌塑造力，结果性指标包括品牌市场支持力、品牌市场表现力和品牌资本力，这种测评可以全面检测品牌竞争力的形成过程和结果。

# 第三节　质性研究的信度与效度

质性研究的优势在于可以不受以往分析方法而限制研究范围，从而使研究者获得更加深入揭示现象的研究结果。其局限性在于小样本研究降低了研究结论的普适性，传统实证主义的定量研究结果一般都追求理论普适性，因此强化研究可信性和严谨性是非常必要的，信度和效度就成了判定一种研究方法好坏的标尺，质性研究也不例外。

### 一、质性研究信度

数据的信度保证是本书的首要和基础工作，本书通过以下三种方式提高信度。第一，在资料收集处理方式上提升信度保证。采用全程录音或录像，内部课题研讨会全程录音，外部专家论坛采取全程录像，录音或录像材料的整理不加入笔者任何主观的加工和修饰，确保资料原样复现。第二，在数据分析处理上确保信度。由于数据来源于品牌管理专家、竞争力专家和品牌经营管理者三个层面，会议主题和研讨会层次也不尽相同，因此在对一手数据编码分析过程中，以出现频率较高者作为品牌竞争力测评的主要因素。第三，在数据疏漏处理环节上确保信度。在数据重大质疑以及疏漏之处，笔者会通过再次拜访、电话、邮件等方式采取进一步访谈进行追踪和数据补充，使资料收集、整理和分析具有了互动性和完备性。

## 二、质性研究效度

为降低因主观性而造成质性资料某种程度上的偏差，本书通过以下方式提高研究效度。第一，在研究设计和资料分析方面，笔者严格按照质性分析的技术和流程展开，并依托科学的质性分析软件工具，以确保研究结论的效度。第二，在研究对象均为中国社会科学院、中国市场学会品牌管理委员会的专家学者以及为中国自主品牌走向国际舞台献计献策的企业界朋友，这些访谈对象均怀着中国自主品牌走向国际舞台献计献策的初衷，因此能够保证对这一具有重大意义的话题发表自己真实的看法。第三，针对企业界管理者设计品牌管理经营过程的实践问题，针对学者设计品牌竞争力领域具有学术价值和理论争议的问题，从实践和理论层面深入挖掘真正的品牌竞争力测评因素。第四，在编码过程中笔者通过回访与被访者进行进一步的确认，请《中国企业品牌竞争力指数研究》课题组专家对编码结果经过多次讨论逐渐达成一致意见。以上几种方式在一定程度上提升数据的效度，保证研究结论具有一定的信服力。

# 第四节 质性研究的结果

在对所有访谈记录及心得体会资料进行筛选分析后，按照研究目的，对资料进行开放性编码、主轴编码和选择性编码，最终得到五部分企业品牌竞争力测评编码，其分别是品牌发展力编码、品牌塑造力编码、品牌支持力编码、品牌市场力编码和品牌资本力编码，图3-2反映的是全部编码的框架。

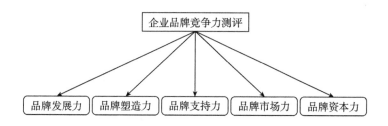

**图3-2 质性研究编码总体框架**

## 一、品牌发展力编码及模型

品牌发展力指的是企业自身所具备的资源和能力对于品牌未来发展提供的必要支持，同时包括社会环境、行业发展趋势、行业内竞争态势等对于品牌发展的影响，其中有利于品牌提升的均为品牌发展力。对品牌发展力评价要素编码，按照上述的过程对30篇研讨会记录进行编码，分别得到品牌技术创新力、品牌战略投资力、企业综合能力、品牌市场营销力、行业发展潜力五个二级编码和19个一级编码，具体如表3-3所示。

根据以上编码的分类以及频数的分布，可以绘制出品牌发展力的编码模型，具体如图3-3所示。

表3-3　品牌发展力三级编码一览表

| 三级编码 | 频次 | 二级编码 | 频次 | 一级编码（原始编码） | 频次 |
|---|---|---|---|---|---|
| 品牌发展力 | 230 | 品牌技术创新力 | 58 | 品牌质量合格率 | 18 |
| | | | | 技术创新投资效果系数 | 15 |
| | | | | 新产品开发速度 | 12 |
| | | | | 发明专利数 | 9 |
| | | | | 新产品替代率 | 4 |
| | | 品牌战略投资力 | 53 | 品牌专项人力资源投入 | 16 |
| | | | | 技术经费占销售收入的比重 | 15 |
| | | | | 资金筹措能力 | 13 |
| | | | | 原料能源筹供力 | 9 |
| | | 企业综合能力 | 47 | 企业技术支持力 | 14 |
| | | | | 企业人才支持力 | 12 |
| | | | | 企业资源支持力 | 11 |
| | | | | 企业文化支持力 | 10 |
| | | 品牌市场营销力 | 38 | 营销策略创新能力 | 15 |
| | | | | 市场营销分析能力 | 12 |
| | | | | 营销组织管理能力 | 11 |
| | | 行业发展潜力 | 34 | 政府政策支持度 | 15 |
| | | | | 行业整体发展潜力 | 11 |
| | | | | 行业内竞争趋势 | 8 |

### 二、品牌塑造力编码及模型

　　品牌塑造力指企业在自身资源优化配置以及优质产品生产基础上对品牌的策划、宣传、保护和反馈的能力。首先，品牌塑造的核心在于其定位是否准确；其次，在定位基础上策划品牌战略，通过有效的宣传策略让消费者熟知并在其心智占有一定地位；最后，在中国特定国情和商业化环境下企业需要塑造与相关利益者的品牌关系能力以及危机处理能力。对品牌塑造力评价要素编码，按照上述的过程对30篇研讨会记录进行编码，分别得到品牌定位精度、品牌策划能力、品牌运作能力以及品牌关系能力四个二级编码和16个一级编码，具体如表3-4所示。

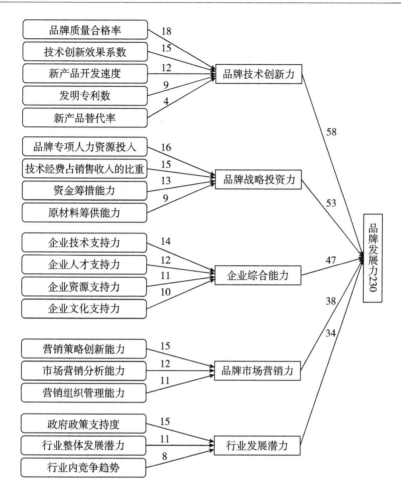

图 3-3　品牌发展力编码模型框架

表 3-4　品牌塑造力三级编码一览表

| 三级编码 | 频次 | 二级编码 | 频次 | 一级编码（原始编码） | 频次 |
|---|---|---|---|---|---|
| 品牌塑造力 | 225 | 品牌定位精度 | 63 | 市场定位度 | 24 |
| | | | | 产品定位度 | 20 |
| | | | | 价格定位度 | 19 |
| | | 品牌策划能力 | 61 | 品牌形象设计 | 19 |
| | | | | 品牌个性塑造 | 17 |
| | | | | 品牌理念内涵 | 13 |
| | | | | 广告设计策划 | 12 |

续表

| 三级编码 | 频次 | 二级编码 | 频次 | 一级编码（原始编码） | 频次 |
|---|---|---|---|---|---|
| 品牌塑造力 | 225 | 品牌运作能力 | 61 | 品牌保护能力 | 21 |
| | | | | 品牌危机处理能力 | 20 |
| | | | | 品牌文化建设 | 9 |
| | | | | 品牌战略规划 | 6 |
| | | | | 品牌传播效率 | 5 |
| | | 品牌关系能力 | 40 | 品牌与政府关系 | 18 |
| | | | | 品牌社会责任 | 12 |
| | | | | 品牌与客户关系 | 7 |
| | | | | 品牌与供应商关系 | 3 |

根据以上编码的分类以及频数的分布，可以绘制出品牌塑造力的编码模型，具体如图 3 - 4 所示。

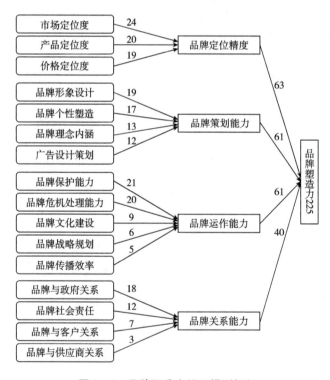

图 3 - 4　品牌塑造力编码模型框架

### 三、品牌支持力编码及模型

品牌支持力指在企业生产出质量合格产品以及一系列品牌策划基础上，消费者对于品牌的支持程度，表现为对品牌从认知到忠诚的一系列心理活动和购买行为。对品牌支持力评价要素编码，按照上述的过程对30篇研讨会记录进行编码，分别得到品牌认知度、品牌知名度、品牌美誉度、品牌满意度、品牌忠诚度和品牌联想度六个二级编码和25个一级编码，具体如表3-5所示。

表3-5 品牌支持力三级编码一览表

| 三级编码 | 频次 | 二级编码 | 频次 | 一级编码（原始编码） | 频次 |
|---|---|---|---|---|---|
| 品牌支持力 | 411 | 品牌忠诚度 | 98 | 品牌溢价性 | 26 |
| | | | | 长期购买行为 | 22 |
| | | | | 品牌偏好性 | 18 |
| | | | | 缺货忠诚率 | 17 |
| | | | | 再次购买率 | 14 |
| | | 品牌满意度 | 85 | 品牌质量满意度 | 25 |
| | | | | 品牌炫耀性满意度 | 24 |
| | | | | 品牌形象满意度 | 19 |
| | | | | 品牌服务满意度 | 17 |
| | | 品牌知名度 | 72 | 品牌知名状态 | 22 |
| | | | | 品牌传播评价 | 17 |
| | | | | 品牌识别系统 | 13 |
| | | | | 无提示知名度 | 12 |
| | | | | 提示后知名度 | 8 |
| | | 品牌联想度 | 59 | 品牌个性联想 | 19 |
| | | | | 品牌功能联想 | 17 |
| | | | | 品牌事件回忆 | 13 |
| | | | | 企业组织联想 | 10 |
| | | 品牌美誉度 | 51 | 品牌信任程度 | 19 |
| | | | | 品牌品质承诺 | 17 |
| | | | | 品牌认同程度 | 15 |
| | | 品牌认知度 | 46 | 品牌感知质量 | 16 |
| | | | | 品牌形象认知度 | 11 |
| | | | | 品牌符号认知度 | 10 |
| | | | | 品牌认知层次 | 9 |

根据以上编码的分类以及频数的分布，可以绘制出品牌支持力的编码模型，具体如图 3-5 所示。

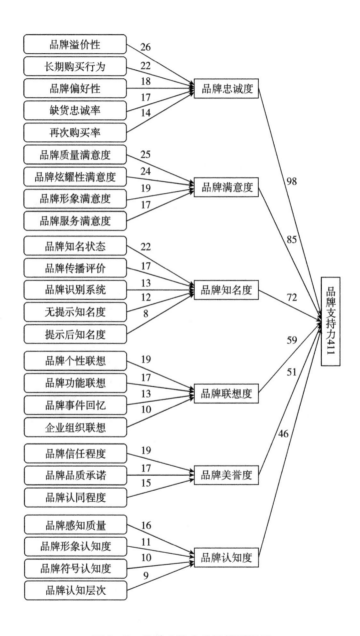

**图 3-5 品牌支持力编码模型框架**

#### 四、品牌市场力编码及模型

品牌市场力指消费者对于企业塑造品牌的总体反应以及品牌自身在自由市场上的竞争能力以及开拓能力，从消费者的角度而言，通过消费者对品牌的满意度和忠诚度带来大量的购买行为导致企业产品具有很高的销量和营业额。从产品角度而言，一方面品牌具有比同行业其他产品更高的价格优势，另一方面品牌在新的市场具有很强的市场拓展能力。从时间维度来看，品牌具有持久发展进步的潜力及市场稳定性。从营销影响力来看，品牌具有跨区域甚至是国际影响力。对品牌市场力评价要素编码，按照上述的过程对 30 篇研讨会记录进行编码，分别得到市场占有力、超值获利力、市场稳定力和国际影响力四个二级编码和 13 个一级编码，具体如表 3-6 所示。

表 3-6　品牌市场力三级编码一览表

| 三级编码 | 频次 | 二级编码 | 频次 | 一级编码（原始编码） | 频次 |
|---|---|---|---|---|---|
| 品牌市场力 | 241 | 市场占有力 | 82 | 市场占有率 | 25 |
| | | | | 市场覆盖率 | 21 |
| | | | | 市场渗透率 | 19 |
| | | | | 品牌产品销售量 | 17 |
| | | 超值获利力 | 74 | 品牌溢价率 | 29 |
| | | | | 品牌资产报酬率 | 23 |
| | | | | 品牌销售利润率 | 22 |
| | | 市场稳定力 | 47 | 品牌销售收入增长率 | 18 |
| | | | | 品牌销售额增长率 | 17 |
| | | | | 品牌价值变化率 | 12 |
| | | 国际影响力 | 38 | 品牌产品出口总额 | 15 |
| | | | | 品牌产品出口利润率 | 13 |
| | | | | 品牌产品海外销售比重 | 10 |

根据以上编码的分类以及频数的分布，可以绘制出品牌市场力的编码模型，具体如图 3-6 所示。

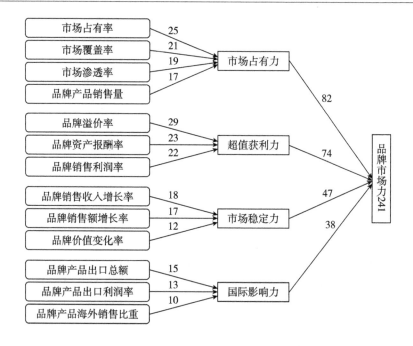

图3-6 品牌市场力编码模型框架

## 五、品牌资本力编码及模型

品牌资本力指由于消费者忠诚带来的较高市场占有率和销量，进而表现在财务方面的竞争力，中国社会科学院在2004年曾对中国企业竞争力进行定性和定量测量，在座谈会上其中的主要负责人和参与者均发表了关于财务的评价，主要从品牌带来的财务规模要素、财务增长要素以及财务效率要素对品牌资本力评价要素编码，按照上述的过程对30篇研讨会记录进行编码，基本符合以上逻辑，得到资本规模力、资本增长力和资本效率力三个二级编码和七个一级编码，具体如表3-7所示。

根据以上编码的分类以及频数的分布，可以绘制出品牌资本力的编码模型，具体如图3-7所示。

表3-7 品牌资本力三级编码一览表

| 三级编码 | 频次 | 二级编码 | 频次 | 一级编码（原始编码） | 频次 |
|---|---|---|---|---|---|
| 品牌资本力 | 147 | 资本规模力 | 66 | 销售收入 | 24 |
| | | | | 净利润 | 23 |
| | | | | 净资产 | 19 |
| | | 资本增长力 | 47 | 近三年净利润增长率 | 24 |
| | | | | 近三年销售收入增长率 | 23 |
| | | 资本效率力 | 34 | 净资产利润率 | 19 |
| | | | | 总资产贡献率 | 15 |

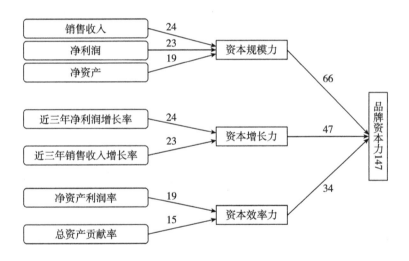

图3-7 品牌资本力编码模型框架

## 六、品牌竞争力编码汇总及模型

根据以上五个关于品牌竞争力测评编码和模型的分析，可以得出品牌竞争力由五个三级编码、22个二级编码以及80个三级编码的测评体系，具体如表3-8所示。

表3－8　品牌竞争力四级编码一览表

| 四级编码 | 频次 | 三级编码 | 频次 | 二级编码 | 频次 | 一级编码（原始编码） | 频次 |
|---|---|---|---|---|---|---|---|
| 企业品牌竞争力 | 1254 | 品牌支持力 | 411 | 品牌忠诚度 | 98 | 品牌溢价性 | 26 |
| | | | | | | 长期购买行为 | 22 |
| | | | | | | 品牌偏好性 | 18 |
| | | | | | | 缺货忠诚率 | 17 |
| | | | | | | 再次购买率 | 15 |
| | | | | 品牌满意度 | 85 | 品牌质量满意度 | 25 |
| | | | | | | 品牌炫耀性满意度 | 24 |
| | | | | | | 品牌形象满意度 | 19 |
| | | | | | | 品牌服务满意度 | 17 |
| | | | | 品牌知名度 | 72 | 品牌知名状态 | 22 |
| | | | | | | 品牌传播评价 | 17 |
| | | | | | | 品牌识别系统 | 13 |
| | | | | | | 无提示知名度 | 12 |
| | | | | | | 提示后知名度 | 8 |
| | | | | 品牌联想度 | 59 | 品牌个性联想 | 19 |
| | | | | | | 品牌功能联想 | 17 |
| | | | | | | 品牌事件回忆 | 13 |
| | | | | | | 企业组织联想 | 10 |
| | | | | 品牌美誉度 | 51 | 品牌信任程度 | 19 |
| | | | | | | 品牌品质承诺 | 17 |
| | | | | | | 品牌认同程度 | 15 |
| | | | | 品牌认知度 | 46 | 品牌感知质量 | 16 |
| | | | | | | 品牌形象认知度 | 11 |
| | | | | | | 品牌符号认知度 | 10 |
| | | | | | | 品牌认知层次 | 9 |
| 企业品牌竞争力 | 1254 | 品牌市场力 | 241 | 市场占有力 | 82 | 市场占有率 | 25 |
| | | | | | | 市场覆盖率 | 21 |
| | | | | | | 市场渗透率 | 19 |
| | | | | | | 品牌产品销售量 | 17 |

续表

| 四级编码 | 频次 | 三级编码 | 频次 | 二级编码 | 频次 | 一级编码（原始编码） | 频次 |
|---|---|---|---|---|---|---|---|
| 企业品牌竞争力 | 1254 | 品牌市场力 | 241 | 超值获利力 | 74 | 品牌溢价率 | 29 |
| | | | | | | 品牌资产报酬率 | 23 |
| | | | | | | 品牌销售利润率 | 22 |
| | | | | 市场稳定力 | 47 | 品牌销售收入增长率 | 18 |
| | | | | | | 品牌销售额增长率 | 17 |
| | | | | | | 品牌价值变化率 | 12 |
| | | | | 国际影响力 | 38 | 品牌产品出口总额 | 15 |
| | | | | | | 品牌产品出口利润率 | 13 |
| | | | | | | 品牌产品海外销售比重 | 10 |
| | | 品牌发展力 | 230 | 品牌技术创新力 | 58 | 品牌质量合格率 | 18 |
| | | | | | | 技术创新投资效果系数 | 15 |
| | | | | | | 新产品开发速度 | 12 |
| | | | | | | 发明专利数 | 9 |
| | | | | | | 新产品替代率 | 4 |
| | | | | 品牌战略投资力 | 53 | 品牌专项人力资源投入 | 16 |
| | | | | | | 技术经费占销售收入的比重 | 15 |
| | | | | | | 资金筹措能力 | 13 |
| | | | | | | 原料能源筹供力 | 9 |
| | | | | 企业综合能力 | 47 | 企业技术支持力 | 14 |
| | | | | | | 企业人才支持力 | 12 |
| | | | | | | 企业资源支持力 | 11 |
| | | | | | | 企业文化支持力 | 10 |
| | | | | 品牌市场营销力 | 38 | 营销策略创新能力 | 15 |
| | | | | | | 市场营销分析能力 | 12 |
| | | | | | | 营销组织管理能力 | 11 |
| | | | | 行业发展潜力 | 34 | 政府政策支持度 | 15 |
| | | | | | | 行业整体发展潜力 | 11 |
| | | | | | | 行业内竞争趋势 | 8 |
| | | 品牌塑造力 | 225 | 品牌定位精度 | 63 | 市场定位度 | 24 |
| | | | | | | 产品定位度 | 20 |
| | | | | | | 价格定位度 | 19 |

续表

| 四级编码 | 频次 | 三级编码 | 频次 | 二级编码 | 频次 | 一级编码（原始编码） | 频次 |
|---|---|---|---|---|---|---|---|
| 企业品牌竞争力 | 1254 | 品牌塑造力 | 225 | 品牌策划能力 | 61 | 品牌形象设计 | 19 |
| | | | | | | 品牌个性塑造 | 17 |
| | | | | | | 品牌理念内涵 | 13 |
| | | | | | | 广告设计策划 | 12 |
| | | | | 品牌运作能力 | 61 | 品牌保护能力 | 21 |
| | | | | | | 品牌危机处理能力 | 20 |
| | | | | | | 品牌文化建设 | 9 |
| | | | | | | 品牌战略规划 | 6 |
| | | | | | | 品牌传播效率 | 5 |
| | | | | 品牌关系能力 | 40 | 品牌与政府关系 | 18 |
| | | | | | | 品牌社会责任 | 12 |
| | | | | | | 品牌与客户关系 | 7 |
| | | | | | | 品牌与供应商关系 | 3 |
| | | 品牌资本力 | 147 | 资本规模力 | 66 | 销售收入 | 24 |
| | | | | | | 净利润 | 23 |
| | | | | | | 净资产 | 19 |
| | | | | 资本增长力 | 47 | 近三年净利润增长率 | 24 |
| | | | | | | 近三年销售收入增长率 | 23 |
| | | | | 资本效率力 | 34 | 净资产利润率 | 19 |
| | | | | | | 总资产贡献率 | 15 |

资料来源：笔者整理。

根据以上编码的分类以及频数的分布，可以绘制出品牌竞争力的编码模型，具体如图 3－8 所示。

# 本章小结

本书以扎根理论为指导，以具有一定企业品牌管理工作经验的中高层管理者

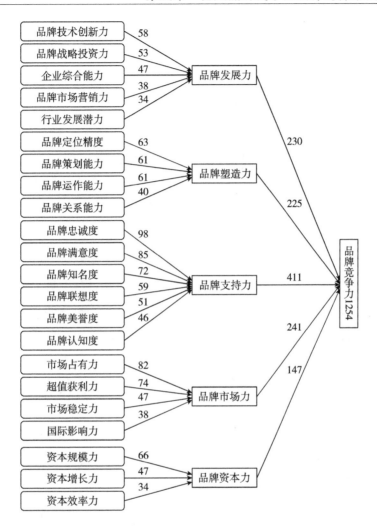

**图 3 - 8　品牌竞争力编码模型框架**

以及品牌战略研究领域的相关专家学者为样本，采用质性分析方法探讨企业品牌竞争力的评价因素。通过座谈会的形式进行数据收集，通过扎根理论的研究程序先后对原始访谈数据采取开放式译码、主轴译码以及选择性译码，同时采取一系列手段和方法提升质性研究的效度和信度，最终得出五个核心编码，即品牌发展力编码、品牌塑造力编码、品牌支持力编码、品牌市场力编码和品牌资本力编码，并对五个编码的内在关系做了初步假设并形成企业品牌竞争力测评结构模型。

# 第四章　企业品牌竞争力测评模型及量表开发

在质性研究基础上，本章将对质性研究的分析结果进行定量实证分析，并且主要是构建企业品牌竞争力测评量表并就品牌竞争力测评机理模型进行检验。

## 第一节　企业品牌竞争力测评模型构建

### 一、基于质性研究数据的测评机理分析

通过前文对企业品牌竞争力测评要素的探索性分析，笔者通过 30 份研讨笔记，得出了 1254 个关于企业品牌竞争力的测评概念。经过开放式译码、主轴译码以及选择性译码最终得到五个三级编码、22 个二级编码以及 80 个一级编码。为了进一步分析各个编码在企业品牌竞争力测评中的地位和影响机理，笔者对质性研究数据进行进一步分析。

（一）三级编码的测评机理分析

五个三级编码分别是品牌发展力编码、品牌塑造力编码、品牌支持力编码、品牌市场力编码和品牌资本力编码，其出现频数的分布如图 4-1 所示。

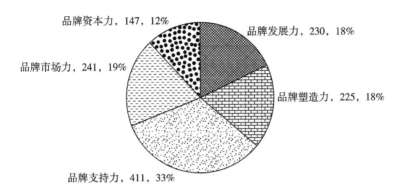

图 4 - 1　三级编码频数分布比例

　　其中品牌支持力范畴内概念出现频次 411 次高居榜首，验证了以 Keller 和 Aaker 为首的以消费者忠诚视角测评品牌资产的合理性。排在第二位的是品牌市场力，范畴内概念出现频次为 241 次，验证了国内学者张世贤（1996）、余明阳（2008）关于市场占有率和超值获利能力的测评视角合理性。出人意料的是当前以财务视角测评品牌价值的结论未得到此次执行研究的支持，品牌资本力范畴内概念出现 147 次，为五个三级编码的最后一位，且差距显著。品牌发展力和品牌塑造力范畴内概念出现频次仅次于品牌市场力频次，从而可以推论以上两个编码可以作为两个重要测评维度，根据两个编码的含义可知，两者均在强调品牌的塑造条件及方法，这也构成了品牌竞争力的基础，而当前关于品牌价值的测评大都未将其列入重要指标；相反的是将较易获得数据的财务指标列为重点，导致品牌竞争力的评估过于静态化，不能反映品牌未来的发展趋势。

　　（二）二级核心编码的测评机理分析

　　分析二级编码的频数分布情况，重点分析三级编码所属范畴内排在第一位的二级编码频数分布情况，如图 4 - 2 所示。

　　其中品牌支持力范畴内品牌忠诚度出现频次 98 次高居榜首，再次验证了 Keller 和 Aaker 以品牌忠诚为核心的品牌资产观点。排在第二位的是市场占有力，出现频次为 82 次，验证市场占有率测评视角合理性。未列入表中的超额获利能力频次为 74 次，超出其他三个核心编码，验证了品牌溢价能力测评品牌竞争力的科学性。另外，通过技术创新保证产品质量，通过定位技术准确传达品牌核心卖点，以上两者都是品牌评价的核心指标。品牌资本规模也是重要考核之一，但绝不是核心，这也是本书的重要突破口和创新所在。

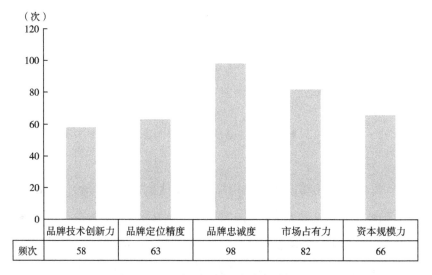

| | 品牌技术创新力 | 品牌定位精度 | 品牌忠诚度 | 市场占有力 | 资本规模力 |
|---|---|---|---|---|---|
| 频次 | 58 | 63 | 98 | 82 | 66 |

**图4-2　二级重要编码频数分布比例**

（三）一级核心编码的测评机理分析

关于一级编码的频数分布情况，由于概念较多，笔者仅分析编码频数排在前10位的一级编码，具体频数分布情况如图4-3所示。

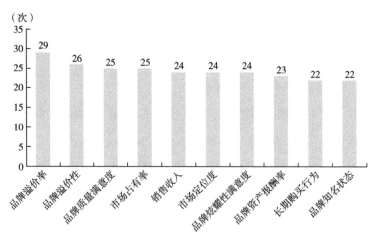

**图4-3　重点一级编码频数分布**

其中品牌市场力范畴的品牌溢价率和品牌支持力范畴内品牌溢价性出现频次居前两位，说明品牌的议价能力为观测变量中最为重要的指标。从所属范畴来看，均隶属于品牌市场力和品牌支持力，关于品牌发展力和品牌资本力的编码较少。

## 二、企业品牌竞争"五力测评"模型构建

按照企业品牌竞争力测评的典范模型（见图3-1）的逻辑品牌竞争力测评分为五个方面，但经由数据的进一步分析可以得出，企业品牌竞争力测评可分为三个重要逻辑维度：其一是前因变量，即由品牌技术创新力、品牌资本投入力、品牌市场营销力、企业综合能力、行业发展潜力（因果条件）构成的品牌发展力主范畴，是塑造企业形象（情境脉络条件）的重要条件，以及由品牌定位力、品牌策划能力、品牌运作力和品牌关系力（因果条件）构成的品牌塑造力主范畴，是塑造品牌形象（情境脉络条件）的重要条件，两个主范畴构成了企业品牌竞争力测评的前因变量；其二是中间变量，即由品牌认知度、品牌知名度、品牌美誉度、品牌满意度、品牌忠诚度和品牌联想度（中介条件）构成的主范畴品牌支持力，品牌支持力是前因变量和结果变量的中介条件；其三是结果变量，即由市场占有力、品牌盈利力、品牌稳定力和国际影响力（行动/互动）构成的主范畴品牌市场力，再有由规模要素、增长要素和效率要素（结果）构成的主范畴品牌资本力。由此构成了具有五种测评力组成的企业品牌竞争力评估模型（见图4-4），笔者简称为"五力测评"结构模型。

## 三、企业品牌竞争"五力测评"模型假设提出

根据以上对企业品牌竞争力"五力测评机理"结构模型的构建过程，通过对三个级别编码的数据分析，借鉴以往品牌竞争力学者研究成果，本书提出以下八个假设：

假设1（H1）：品牌发展力越强，品牌塑造力越强，即品牌发展力与品牌塑造力有显著正相关关系。

假设2（H2）：品牌发展力越强，品牌支持力越强，即品牌发展力与品牌支

持力有显著正相关关系。

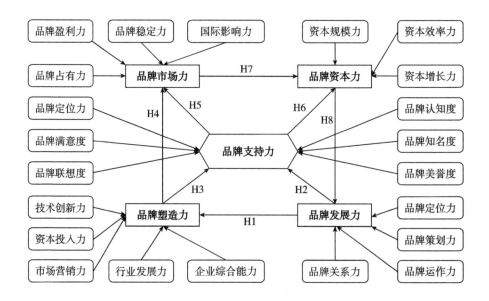

**图 4-4  企业品牌竞争力测评主轴编码模型**

假设 3（H3）：品牌塑造力越强，品牌支持力越强，即品牌塑造力与品牌支持力有显著正相关关系。

假设 4（H4）：品牌塑造力越强，品牌市场力越强，即品牌塑造力与品牌市场力有显著正相关关系。

假设 5（H5）：品牌支持力越强，品牌市场力越强，即品牌支持力与品牌市场力有显著正相关关系。

假设 6（H6）：品牌支持力越强，品牌资本力越强，即品牌支持力与品牌资本力有显著正相关关系。

假设 7（H7）：品牌市场力越强，品牌资本力越强，即品牌市场力与品牌资本力有显著正相关关系。

假设 8（H8）：品牌资本力越强，品牌发展力越强，即品牌资本力与品牌发展力有显著正相关关系。

# 第二节 企业品牌竞争力测评变量设计

企业品牌竞争力测评变量设计主要包括三项内容：观察变量（测项）设计、变量属性设计、变量尺度选择，进而形成初试问卷。

## 一、观察变量（测项）设计

根据前文文献综述部分可知，相关学者对品牌资产和品牌价值的评估指标体系基本从消费者、市场和财务三个方面展开。本书通过运用扎根理论对品牌竞争力的评价进行探索性研究发现，以财务为主导的品牌价值、品牌竞争力评价思维只能静态反映企业品牌的静态竞争力，而对于品牌未来的发展需要强大的后备基础，即本书得出品牌发展力和品牌塑造力两个重要编码。

在质性研究的最后一步是进行理论饱和，根据 Churchill（1979）、Gerbing 和 Anderson（1988）、Iacobuoci（2002）等建议，笔者通过以下三个途径：①企业竞争力评价相关理论成果，主要借鉴中国社会科学院工业经济研究所金碚研究员关于企业竞争力测评的维度及方法；②品牌竞争力来源及机理的理论分析成果，主要借鉴 Keller、Aaker 基于消费者的品牌资产测评观点；③已有关于企业品牌价值和品牌竞争力测评的研究，主要借鉴了当今国际最权威的品牌价值评估机构 Interbrand 和世界品牌实验室的测评思维。最后，结合笔者近年来的研究成果自行发展一些测项，尤其是针对品牌发展潜力的评价测项，以弥补现有文献的不足和适应新框架的需要，基于以上两步从定性和定量的角度尽可能多地形成适用题项，这样保证了质性研究的理论饱和。通过上述步骤增加顾客推荐率、品牌情感联想、新市场拓展能力、品牌成长年龄、企业商业模式、企业家领导能力、营销渠道拓展能力、企业战略联盟关系、品牌延伸度、品牌命名哲学、品牌与媒体关系、全员劳动率 12 个测试指标，最终形成了包括五个潜在变量和 22 个二级潜在变量共 92 个问题项的企业品牌竞争力初试问卷。

（一）品牌发展力测评变量设计

品牌发展力由品牌技术创新力、品牌战略投资力、品牌市场营销力、企业综合能力、行业发展潜力五个二级潜在变量和23个观察变量来度量（见表4-1）。

表4-1 品牌发展力观察变量设计

| 潜在变量 | 代码 | 二级潜在变量 | 代码 | 观察变量 | 代码 |
|---|---|---|---|---|---|
| 品牌发展力 | BDC | 品牌技术创新力 | BDC1 | 品牌质量合格率 | VAR001 |
| | | | | 技术创新投资效果系数 | VAR002 |
| | | | | 新产品开发速度 | VAR003 |
| | | | | 发明专利数 | VAR004 |
| | | | | 新产品替代率 | VAR005 |
| | | 品牌战略投资力 | BDC2 | 品牌专项人力资源投入 | VAR006 |
| | | | | 技术经费占销售收入的比重 | VAR007 |
| | | | | 资金筹措能力 | VAR008 |
| | | | | 原料能源筹供力 | VAR009 |
| | | 企业综合能力 | BDC3 | 企业技术支持力 | VAR010 |
| | | | | 企业人才支持力 | VAR011 |
| | | | | 企业资源支持力 | VAR012 |
| | | | | 企业商业模式 | VAR013 |
| | | | | 企业文化支持力 | VAR014 |
| | | | | 企业家领导能力 | VAR015 |
| | | 品牌市场营销力 | BDC4 | 营销策略创新能力 | VAR016 |
| | | | | 营销渠道拓展能力 | VAR017 |
| | | | | 市场营销分析能力 | VAR018 |
| | | | | 营销组织管理能力 | VAR019 |
| | | 行业发展潜力 | BDC5 | 政府政策支持度 | VAR020 |
| | | | | 行业整体发展潜力 | VAR021 |
| | | | | 行业内竞争趋势 | VAR022 |
| | | | | 企业战略联盟关系 | VAR023 |

资料来源：笔者整理。

（二）品牌塑造力测评变量设计

品牌塑造力由品牌定位精度、品牌策划能力、品牌运作能力以及品牌关系能力四个二级潜在变量和19个观察变量来度量（见表4-2）。

表4-2　品牌塑造力观察变量设计

| 潜在变量 | 代码 | 二级潜在变量 | 代码 | 观察变量 | 代码 |
|---|---|---|---|---|---|
| 品牌塑造力 | BCC | 品牌定位精度 | BCC1 | 市场定位度 | VAR024 |
| | | | | 产品定位度 | VAR025 |
| | | | | 价格定位度 | VAR026 |
| | | | | 品牌延伸度 | VAR027 |
| | | 品牌策划能力 | BCC2 | 品牌形象设计 | VAR028 |
| | | | | 品牌命名哲学 | VAR029 |
| | | | | 品牌个性塑造 | VAR030 |
| | | | | 品牌理念内涵 | VAR031 |
| | | | | 广告设计策划 | VAR032 |
| | | 品牌运作能力 | BCC3 | 品牌保护能力 | VAR033 |
| | | | | 品牌传播效率 | VAR034 |
| | | | | 品牌危机处理能力 | VAR035 |
| | | | | 品牌战略规划 | VAR036 |
| | | | | 品牌文化建设 | VAR037 |
| | | 品牌关系能力 | BCC4 | 品牌与政府关系 | VAR038 |
| | | | | 品牌社会责任 | VAR039 |
| | | | | 品牌与客户关系 | VAR040 |
| | | | | 品牌与供应商关系 | VAR041 |
| | | | | 品牌与媒体关系 | VAR042 |

资料来源：笔者整理。

（三）品牌支持力测评变量设计

品牌支持力由品牌认知度、品牌知名度、品牌美誉度、品牌满意度、品牌忠诚度和品牌联想度六个二级潜在变量和27个观察变量来度量（见表4-3）。

表4-3　品牌支持力观察变量设计

| 潜在变量 | 代码 | 二级潜在变量 | 代码 | 观察变量 | 代码 |
|---|---|---|---|---|---|
| 品牌支持力 | BSC | 品牌忠诚度 | BSC1 | 品牌溢价性 | VAR043 |
| | | | | 长期购买行为 | VAR044 |
| | | | | 品牌偏好性 | VAR045 |
| | | | | 缺货忠诚率 | VAR046 |
| | | | | 再次购买率 | VAR047 |
| | | | | 顾客推荐率 | VAR048 |
| | | 品牌满意度 | BSC2 | 品牌质量满意度 | VAR049 |
| | | | | 品牌炫耀性满意度 | VAR050 |
| | | | | 品牌形象满意度 | VAR051 |
| | | | | 品牌服务满意度 | VAR052 |
| | | 品牌知名度 | BSC3 | 品牌知名状态 | VAR053 |
| | | | | 品牌传播评价 | VAR054 |
| | | | | 品牌识别系统 | VAR055 |
| | | | | 无提示知名度 | VAR056 |
| | | | | 提示后知名度 | VAR057 |
| | | 品牌联想度 | BSC4 | 品牌个性联想 | VAR058 |
| | | | | 品牌功能联想 | VAR059 |
| | | | | 品牌情感联想 | VAR060 |
| | | | | 品牌事件回忆 | VAR061 |
| | | | | 企业组织联想 | VAR062 |
| | | 品牌美誉度 | BSC5 | 品牌信任程度 | VAR063 |
| | | | | 品牌品质承诺 | VAR064 |
| | | | | 品牌认同程度 | VAR065 |
| | | 品牌认知度 | BSC6 | 品牌感知质量 | VAR066 |
| | | | | 品牌形象认知度 | VAR067 |
| | | | | 品牌符号认知度 | VAR068 |
| | | | | 品牌认知层次 | VAR069 |

资料来源：笔者整理。

（四）品牌市场力测评变量设计

品牌市场力由市场占有力、超值获利力、市场稳定力和国际影响力四个二级潜在变量和15个观察变量来度量（见表4-4）。

表 4 - 4　品牌市场力观察变量设计

| 潜在变量 | 代码 | 二级潜在变量 | 代码 | 观察变量 | 代码 |
|---|---|---|---|---|---|
| 品牌市场力 | BMC | 市场占有力 | BMC1 | 市场占有率 | VAR070 |
| | | | | 市场覆盖率 | VAR071 |
| | | | | 市场渗透率 | VAR072 |
| | | | | 新市场拓展能力 | VAR073 |
| | | | | 品牌产品销售量 | VAR074 |
| | | 超值获利力 | BMC2 | 品牌溢价率 | VAR075 |
| | | | | 品牌资产报酬率 | VAR076 |
| | | | | 品牌销售利润率 | VAR077 |
| | | 市场稳定力 | BMC3 | 品牌销售收入增长率 | VAR078 |
| | | | | 品牌销售额增长率 | VAR079 |
| | | | | 品牌价值变化率 | VAR080 |
| | | | | 品牌成长年龄 | VAR081 |
| | | 国际影响力 | BMC4 | 品牌产品出口总额 | VAR082 |
| | | | | 品牌产品出口利润率 | VAR083 |
| | | | | 品牌产品海外销售比重 | VAR084 |

资料来源：笔者整理。

（五）品牌资本力测评变量设计

品牌资本力由资本规模力、资本增长力和资本效率力三个二级潜在变量和八个观察变量来度量（见表 4 - 5）。

表 4 - 5　品牌资本力观察变量设计

| 潜在变量 | 代码 | 二级潜在变量 | 代码 | 观察变量 | 代码 |
|---|---|---|---|---|---|
| 品牌资本力 | BAC | 资本规模力 | BAC1 | 销售收入 | VAR085 |
| | | | | 净利润 | VAR086 |
| | | | | 净资产 | VAR087 |
| | | 资本增长力 | BAC2 | 近三年净利润增长率 | VAR088 |
| | | | | 近三年销售收入增长率 | VAR089 |
| | | 资本效率力 | BAC1 | 净资产利润率 | VAR090 |
| | | | | 总资产贡献率 | VAR091 |
| | | | | 全员劳动率 | VAR092 |

资料来源：笔者整理。

## 二、属性设计及尺度选择

本书涉及的变量属性设计选用等距尺度，为了使中国企业品牌竞争力指数评价量表更能准确测评品牌竞争实际水平，涉及品牌竞争力测评的五个潜在变量下每一个指标采用 Likert 五级量表，用"非常不重要、不重要、重要、比较重要、非常重要"表示五种态度层级，分别用 1、2、3、4、5 分来计分，测量被调查者对这些评价指标重要性的态度。

通过变量设计、属性设计及尺度选择之后，针对每个测项形成品牌竞争力测评的初试问卷（见附录一）。

# 第三节 基于小样本数据分析的问卷预检验

通过小样本定量研究对初试问卷进行预检验，主要针对检验问卷的信度和效度检验结果，按照相关标准对部分问题项进行删减和修正。

## 一、小样本数据收集

为了研究这些条目的适用性以及内容有效性，2011 年 4 月，本书分别邀请了15 位专家（其中有 5 名中国品牌管理委员会的管理学教授、中国社会科学院 5 名企业管理博士研究生以及课题组的 5 名竞争力研究专家）和 51 位企业品牌管理者进一步判断我们设计的 92 个计量项目能否计量企业品牌竞争力概念。所有计量项目都采用李克特五点计量尺度，通过问卷的方式发放给调查对象，用 SPSS（IBM19.0）"企业品牌竞争力初试问卷"进行统计分析以及信度和效度检验，结果显示计量项目评分的平均数在 3.54 ~ 4.67，这表明我们设计的企业品牌竞争力计量项目有较高的内容有效性。

## 二、初试问卷的信度分析

信度表示问卷问题项之间的内部一致性，Churchill（1979）的选择标准是CITC①值大于0.5且Alpha系数在0.6以上，对于不符合此标准的测项进行删除处理，直至所有测项都符合以上两条标准。本书根据以上原则分别对品牌发展力、品牌塑造力、品牌支持力、品牌市场力和品牌资本力五个潜在变量进行信度分析。

（一）品牌发展力的信度分析

根据以上两条标准，品牌发展力维度包含的观察变量信度分析结果如表4-6所示。

表4-6 品牌发展力小样本信度分析

| 潜在变量 | 二级变量 | 观察变量 | 代码 | CITC | 删除测项后的 Alpha 值 | Alpha | Std. Alpha |
|---|---|---|---|---|---|---|---|
| 品牌发展力 | 品牌技术创新力 | 品牌质量合格率 | VAR001 | 0.752 | 0.727 | 0.739 | 0.742 |
| | | 技术创新投资效果系数 | VAR002 | 0.737 | 0.741 | | |
| | | 新产品开发速度 | VAR003 | 0.696 | 0.722 | | |
| | | 发明专利数 | VAR004 | 0.708 | 0.711 | | |
| | | 新产品替代率 | VAR005 | 0.237 | 0.829 | | |
| | 品牌战略投资力 | 品牌专项人力资源投入 | VAR006 | 0.729 | 0.692 | 0.722 | 0.717 |
| | | 技术经费占总收入比重 | VAR007 | 0.735 | 0.726 | | |
| | | 资金筹措能力 | VAR008 | 0.688 | 0.693 | | |
| | | 原料能源筹供力 | VAR009 | 0.368 | 0.724 | | |
| | 企业综合能力 | 企业技术支持力 | VAR010 | 0.729 | 0.710 | 0.719 | 0.692 |
| | | 企业人才支持力 | VAR011 | 0.673 | 0.724 | | |
| | | 企业资源支持力 | VAR012 | 0.717 | 0.706 | | |
| | | 企业商业模式 | VAR013 | 0.453 | 0.741 | | |
| | | 企业文化支持力 | VAR014 | 0.431 | 0.737 | | |
| | | 企业家领导能力 | VAR015 | 0.657 | 0.714 | | |

---

① CITC（Corrected Item - Total Correlation）指某个观察变量与总体变量的相关系数值。

| 潜在变量 | 二级变量 | 观察变量 | 代码 | CITC | 删除测项后的 Alpha 值 | Alpha | Std. Alpha |
|---|---|---|---|---|---|---|---|
| 品牌发展力 | 品牌市场营销力 | 营销策略创新能力 | VAR016 | 0.711 | 0.689 | 0.708 | 0.715 |
| | | 营销渠道拓展能力 | VAR017 | 0.307 | 0.761 | | |
| | | 市场营销分析能力 | VAR018 | 0.637 | 0.649 | | |
| | | 营销组织管理能力 | VAR019 | 0.193 | 0.821 | | |
| | 行业发展潜力 | 政府政策支持度 | VAR020 | 0.723 | 0.693 | 0.712 | 0.709 |
| | | 行业整体发展潜力 | VAR021 | 0.701 | 0.713 | | |
| | | 行业内竞争趋势 | VAR022 | 0.645 | 0.637 | | |
| | | 企业战略联盟关系 | VAR023 | 0.249 | 0.782 | | |

资料来源：笔者整理。

由表 4-6 可知：观察变量 VAR005、VAR009、VAR013、VAR014、VAR017、VAR019、VAR023 的 CITC 值小于 0.5，应当删除；其他 16 个变量均符合标准，说明其内部一致性较好，信度较高。

（二）品牌塑造力的信度分析

根据以上两条标准，品牌塑造力包含的观察变量的信度分析结果如表 4-7 所示。

表 4-7　品牌塑造力的小样本信度分析

| 潜在变量 | 二级变量 | 观察变量 | 代码 | CITC | 删除测项后的 Alpha 值 | Alpha | Std. Alpha |
|---|---|---|---|---|---|---|---|
| 品牌塑造力 | 品牌定位精度 | 市场定位度 | VAR024 | 0.821 | 0.779 | 0.809 | 0.792 |
| | | 产品定位度 | VAR025 | 0.773 | 0.741 | | |
| | | 价格定位度 | VAR026 | 0.756 | 0.729 | | |
| | | 品牌延伸度 | VAR027 | 0.724 | 0.719 | | |
| | 品牌策划能力 | 品牌形象设计 | VAR028 | 0.769 | 0.712 | 0.752 | 0.737 |
| | | 品牌命名哲学 | VAR029 | 0.425 | 0.716 | | |
| | | 品牌个性塑造 | VAR030 | 0.678 | 0.695 | | |
| | | 品牌理念内涵 | VAR031 | 0.625 | 0.703 | | |
| | | 广告设计策划 | VAR032 | 0.319 | 0.719 | | |

续表

| 潜在变量 | 二级变量 | 观察变量 | 代码 | CITC | 删除测项后的 Alpha 值 | Alpha | Std. Alpha |
|---|---|---|---|---|---|---|---|
| 品牌塑造力 | 品牌运作能力 | 品牌保护能力 | VAR033 | 0.747 | 0.730 | 0.727 | 0.697 |
| | | 品牌传播效率 | VAR034 | 0.679 | 0.729 | | |
| | | 品牌危机处理能力 | VAR035 | 0.727 | 0.711 | | |
| | | 品牌战略规划 | VAR036 | 0.481 | 0.729 | | |
| | | 品牌文化建设 | VAR037 | 0.357 | 0.684 | | |
| | 品牌关系能力 | 品牌与政府关系 | VAR038 | 0.781 | 0.739 | 0.773 | 0.715 |
| | | 品牌社会责任 | VAR039 | 0.720 | 0.751 | | |
| | | 品牌与客户关系 | VAR040 | 0.689 | 0.719 | | |
| | | 品牌与供应商关系 | VAR041 | 0.235 | 0.721 | | |
| | | 品牌与媒体关系 | VAR042 | 0.638 | 0.753 | | |

资料来源：笔者整理。

由表 4－7 可知：观察变量 VAR029、VAR032、VAR036、VAR037、VAR041 的 CITC 值小于 0.5，应当删除；其他 16 个变量均符合标准，说明其内部一致性较好，信度较高。

（三）品牌支持力的信度分析

根据以上两条标准，品牌支持力包含的观察变量的信度分析结果如表 4－8 所示。

表 4－8　品牌支持力的小样本信度分析

| 潜在变量 | 二级变量 | 观察变量 | 代码 | CITC | 删除测项后的 Alpha 值 | Alpha | Std. Alpha |
|---|---|---|---|---|---|---|---|
| 品牌支持力 | 品牌忠诚度 | 品牌溢价性 | VAR043 | 0.852 | 0.837 | 0.849 | 0.842 |
| | | 长期购买行为 | VAR044 | 0.817 | 0.821 | | |
| | | 品牌偏好性 | VAR045 | 0.696 | 0.722 | | |
| | | 缺货忠诚率 | VAR046 | 0.758 | 0.791 | | |
| | | 再次购买率 | VAR047 | 0.378 | 0.753 | | |
| | | 顾客推荐率 | VAR048 | 0.637 | 0.799 | | |

| 潜在变量 | 二级变量 | 观察变量 | 代码 | CITC | 删除测项后的 Alpha 值 | Alpha | Std. Alpha |
|---|---|---|---|---|---|---|---|
| 品牌支持力 | 品牌满意度 | 品牌质量满意度 | VAR049 | 0.819 | 0.792 | 0.802 | 0.794 |
| | | 品牌炫耀性满意度 | VAR050 | 0.783 | 0.729 | | |
| | | 品牌形象满意度 | VAR051 | 0.488 | 0.793 | | |
| | | 品牌服务满意度 | VAR052 | 0.668 | 0.784 | | |
| | 品牌知名度 | 品牌知名状态 | VAR053 | 0.759 | 0.717 | 0.743 | 0.772 |
| | | 品牌传播评价 | VAR054 | 0.373 | 0.756 | | |
| | | 品牌识别系统 | VAR055 | 0.707 | 0.686 | | |
| | | 无提示知名度 | VAR056 | 0.653 | 0.721 | | |
| | | 提示后知名度 | VAR057 | 0.431 | 0.737 | | |
| | 品牌联想度 | 品牌个性联想 | VAR058 | 0.731 | 0.679 | 0.721 | 0.718 |
| | | 品牌功能联想 | VAR059 | 0.697 | 0.741 | | |
| | | 品牌情感联想 | VAR060 | 0.387 | 0.729 | | |
| | | 品牌事件回忆 | VAR061 | 0.219 | 0.702 | | |
| | | 企业组织联想 | VAR062 | 0.593 | 0.692 | | |
| | 品牌美誉度 | 品牌信任程度 | VAR063 | 0.723 | 0.693 | 0.702 | 0.689 |
| | | 品牌品质承诺 | VAR064 | 0.701 | 0.713 | | |
| | | 品牌认同程度 | VAR065 | 0.245 | 0.697 | | |
| | 品牌认知度 | 品牌感知质量 | VAR066 | 0.423 | 0.693 | 0.432 | 0.475 |
| | | 品牌形象认知度 | VAR067 | 0.401 | 0.613 | | |
| | | 品牌符号认知度 | VAR068 | 0.345 | 0.707 | | |
| | | 品牌认知层次 | VAR069 | 0.149 | 0.792 | | |

资料来源：笔者整理。

由表 4 - 8 可知：观察变量 VAR047、VAR051、VAR054、VAR057、VAR060、VAR061、VAR065、VAR066、VAR067、VAR068、VAR069 的 CITC 值小于 0.5，应当删除；其中二级潜变量品牌认知度整体 Alpha 小于 0.5，整体删除；其他 16 个变量均符合标准，说明其内部一致性较好，信度较高。

（四）品牌市场力信度分析

根据以上两条标准，品牌市场力包含的观察变量的信度分析结果如表4-9所示。

表4-9 品牌市场力的小样本信度分析

| 潜在变量 | 二级变量 | 观察变量 | 代码 | CITC | 删除测项后的 Alpha 值 | Alpha | Std. Alpha |
|---|---|---|---|---|---|---|---|
| 品牌市场力 | 市场占有力 | 市场占有率 | VAR070 | 0.871 | 0.879 | 0.850 | 0.842 |
| | | 市场覆盖率 | VAR071 | 0.793 | 0.791 | | |
| | | 市场渗透率 | VAR072 | 0.721 | 0.729 | | |
| | | 新市场拓展能力 | VAR073 | 0.338 | 0.784 | | |
| | | 品牌产品销售量 | VAR074 | 0.324 | 0.709 | | |
| | 超值获利力 | 品牌溢价率 | VAR075 | 0.849 | 0.840 | 0.829 | 0.837 |
| | | 品牌资产报酬率 | VAR076 | 0.675 | 0.721 | | |
| | | 品牌销售利润率 | VAR077 | 0.364 | 0.789 | | |
| | 市场稳定力 | 品牌销售收入增长率 | VAR078 | 0.757 | 0.740 | 0.737 | 0.693 |
| | | 品牌销售额增长率 | VAR079 | 0.679 | 0.723 | | |
| | | 品牌价值变化率 | VAR080 | 0.257 | 0.734 | | |
| | | 品牌成长年龄 | VAR081 | 0.481 | 0.729 | | |
| | 国际影响力 | 品牌产品出口总额 | VAR082 | 0.711 | 0.719 | 0.703 | 0.715 |
| | | 品牌产品出口利润率 | VAR083 | 0.640 | 0.691 | | |
| | | 品牌产品海外销售比重 | VAR084 | 0.135 | 0.710 | | |

资料来源：笔者整理。

由表4-9可知：观察变量 VAR073、VAR074、VAR077、VAR080、VAR084 的 CITC 值小于0.5，应当删除；其他10个变量均符合标准，说明其内部一致性较好，信度较高。

（五）品牌资本力信度分析

根据以上两条标准，品牌资本力包含的观察变量的信度分析结果如表4-10所示。

由表4-10可知：观察变量 VAR092 的 CITC 值小于0.5，应当删除。其他7个变量均符合标准，说明其内部一致性较好，信度较高。

表4-10　品牌资本力的小样本信度分析

| 潜在变量 | 二级潜在变量 | 观察变量 | 代码 | CITC | 删除测项后的 Alpha 值 | Alpha | Std. Alpha |
|---|---|---|---|---|---|---|---|
| 品牌资本力 | 资本规模力 | 销售收入 | VAR085 | 0.781 | 0.775 | 0.768 | 0.757 |
| | | 净利润 | VAR086 | 0.739 | 0.741 | | |
| | | 净资产 | VAR087 | 0.621 | 0.729 | | |
| | 资本增长力 | 近三年净利润增长率 | VAR088 | 0.749 | 0.731 | 0.720 | 0.737 |
| | | 近三年销售收入增长率 | VAR089 | 0.685 | 0.703 | | |
| | 资本效率力 | 净资产利润率 | VAR090 | 0.706 | 0.710 | 0.697 | 0.693 |
| | | 总资产贡献率 | VAR091 | 0.669 | 0.695 | | |
| | | ~~全员劳动率~~ | ~~VAR092~~ | 0.107 | 0.699 | | |

资料来源：笔者整理。

综上所述，通过小样本测试，92 个观察变量经过 CITC 值小于 0.5 并且 Alpha 值小于 0.6 两个标准的筛选删除掉 29 个，经过信度分析后得到 63 个观测变量、21 个二级潜变量。

### 三、初试问卷的效度分析

本书首先通过 KMO 和 Bartlett 球形检验来判断是否适合进行因子分析和主成分分析①，通过探索性因子分析各问题项的因子载荷系数，按照下文标准分别对品牌发展力、品牌塑造力、品牌支持力、品牌市场力和品牌资本力五个潜在变量的问题项进行删除或修正以提高效度。

（一）品牌发展力的效度分析

品牌发展力潜在变量的取样适当性 KMO 值为 0.762，大于 0.5 的标准值；Bartlett 球形检验显著水平为 0.000，故拒绝原假设表明变量之间相关，因此品牌发展力潜在变量适合进行因子分析和主成分分析。其分析结果如表4-11、表4-12 和表4-13 所示。

---

① 一般来说，KMO 统计量大于 0.5，Bartlett 球形检验拒绝原假设，表明适合进行因子分析和主成分分析。

表 4 – 11　品牌发展力的小样本 KMO 及 Bartlett 球形检验

| KMO 值 | | 0.762 |
|---|---|---|
| Bartlett 检验 | Approx. Chi – Square（卡方值） | 465.307 |
| | Df（自由度） | 153 |
| | Sig. | 0.000 |

资料来源：笔者整理。

表 4 – 12　品牌发展力的小样本总方差解释

| 主成分 | 初始特征值 | | | 因子载荷平方和 | | |
|---|---|---|---|---|---|---|
| | 总和 | 解释变量百分比 | 累计方差解释 | 总和 | 解释变量百分比 | 累计方差解释 |
| 1 | 5.685 | 31.584 | 31.584 | 5.685 | 31.584 | 31.584 |
| 2 | 2.282 | 12.677 | 44.261 | 2.282 | 12.677 | 44.261 |
| 3 | 1.788 | 9.931 | 54.192 | 1.788 | 9.931 | 54.192 |
| 4 | 1.405 | 7.808 | 62.000 | 1.405 | 7.808 | 62.000 |
| 5 | 1.089 | 6.052 | 68.051 | 1.089 | 6.052 | 68.051 |

资料来源：笔者整理。

表 4 – 13　品牌发展力小样本各测量变量的因子载荷

| 观察变量 | 代码 | 共性因子 | | | | |
|---|---|---|---|---|---|---|
| | | 因子 1 | 因子 2 | 因子 3 | 因子 4 | 因子 5 |
| 品牌质量合格率 | VAR001 | 0.806 | | | | |
| 技术创新投资效果系数 | VAR002 | 0.782 | | | | |
| 新产品开发速度 | VAR003 | 0.752 | | | | |
| 发明专利数 | VAR004 | 0.331 | | | | |
| 品牌专项人力资源投入 | VAR006 | | 0.763 | | | |
| 技术经费占总收入比重 | VAR007 | | 0.781 | | | |
| 资金筹措能力 | VAR008 | | 0.701 | | | |
| 企业技术支持力 | VAR010 | | | 0.742 | | |
| 企业人才支持力 | VAR011 | | | 0.729 | | |
| 企业资源支持力 | VAR012 | | | 0.704 | | |
| 企业家领导能力 | VAR015 | | | 0.358 | | |
| 营销策略创新能力 | VAR016 | | | | 0.325 | |

| 观察变量 | 代码 | 共性因子 | | | | |
|---|---|---|---|---|---|---|
| | | 因子 1 | 因子 2 | 因子 3 | 因子 4 | 因子 5 |
| 市场营销分析能力 | VAR018 | | | | 0.701 | |
| 政府政策支持度 | VAR020 | | | | | 0.761 |
| 行业整体发展潜力 | VAR021 | | | | | 0.792 |
| 行业内竞争趋势 | VAR022 | | | | | 0.712 |

注：具有 Kaiser 标准化的正交旋转法。下同。

资料来源：笔者整理。

由表 4 - 12 可知：通过对潜在变量品牌发展力包含的观察变量进行因子分析可以提取五个共性因子，其累计方差解释比例达到了 68.051%，超过 60% 的最低标准，说明潜在变量"品牌发展力"具有较高的构念效度。

由表 4 - 13 可知：VAR004 因子载荷小于 0.4 故将其删除，共性因子 1 包含测量变量 VAR001、VAR002 和 VAR003，实际上就是"品牌技术创新力"的表现因子；共性因子 2 包含测量变量 VAR006、VAR007 和 VAR008，分别是企业对品牌经营的人财物的投入，实际上就是"品牌战略投资力"的表现因子；共性因子 3 包含测量变量 VAR010、VAR011、VAR012 和 VAR015，实际上就是"企业综合能力"的表现因子；共性因子 4 包含测量变量 VAR016 和 VAR018，但 VAR016 因子载荷小于 0.4，VAR018 笔者将其归入企业综合能力的测评因子，更名为企业营销支持力，因此因子 4 笔者将其删除；共性因子 5 包含测量变量 VAR020、VAR021 和 VAR022，实际上是"品牌行业发展潜力"的评价因子。其余测量变量的因子载荷都在 0.7 以上，说明测量变量选取得比较恰当，因此可以得出结论，即品牌发展力主要由品牌技术创新力、品牌战略投资力、企业综合能力和品牌行业发展潜力等方面的因素来测评。

（二）品牌塑造力的效度分析

品牌塑造力潜在变量的取样适当性 KMO 值为 0.727，大于 0.5 的标准值；Bartlett 球形检验显著水平为 0.000，故拒绝原假设表明变量之间相关，因此品牌塑造力潜在变量适合进行因子分析和主成分分析。其分析结果如表 4 - 14、表 4 - 15 和表 4 - 16 所示。

**表 4 - 14 品牌塑造力的小样本 KMO 及 Bartlett 球形检验**

| KMO 值 | | 0.727 |
|---|---|---|
| Bartlett 检验 | Approx. Chi - Square（卡方值） | 350.238 |
| | Df（自由度） | 120 |
| | Sig. | 0.000 |

资料来源：笔者整理。

**表 4 - 15 品牌塑造力的小样本总方差解释**

| 主成分 | 初始特征值 | | | 因子载荷平方和 | | |
|---|---|---|---|---|---|---|
| | 总和 | 解释变量百分比 | 累计方差解释 | 总和 | 解释变量百分比 | 累计方差解释 |
| 1 | 5.685 | 31.584 | 31.584 | 5.685 | 31.584 | 31.584 |
| 2 | 2.282 | 12.677 | 44.261 | 2.282 | 12.677 | 44.261 |
| 3 | 1.788 | 9.931 | 54.192 | 1.788 | 9.931 | 54.192 |
| 4 | 1.405 | 7.808 | 62.000 | 1.405 | 7.808 | 62.000 |

资料来源：笔者整理。

**表 4 - 16 品牌塑造力小样本各测量变量的因子载荷**

| 观察变量 | 代码 | 共性因子 | | | |
|---|---|---|---|---|---|
| | | 因子1 | 因子2 | 因子3 | 因子4 |
| 市场定位度 | VAR024 | 0.841 | | | |
| 产品定位度 | VAR025 | 0.773 | | | |
| 价格定位度 | VAR026 | 0.758 | | | |
| 品牌延伸度 | VAR027 | 0.714 | | | |
| 品牌形象设计 | VAR028 | | 0.787 | | |
| 品牌个性塑造 | VAR030 | | 0.763 | | |
| 品牌理念内涵 | VAR031 | | 0.724 | | |
| 品牌保护能力 | VAR033 | | | 0.804 | |
| 品牌传播效率 | VAR034 | | | 0.705 | |
| 品牌危机处理能力 | VAR035 | | | 0.757 | |
| 品牌与政府关系 | VAR038 | | | | 0.795 |
| 品牌社会责任 | VAR039 | | | | 0.761 |
| 品牌与客户关系 | VAR040 | | | | 0.747 |
| 品牌与媒体关系 | VAR042 | | | | 0.711 |

资料来源：笔者整理。

由表 4 - 14、表 4 - 15 可知，通过对潜在变量品牌塑造力包含的观察变量进行因子分析可以提取四个共性因子，其累计方差解释比例达到了 62.000%，超过 60% 的最低标准，说明潜在变量"品牌塑造力"具有较高的构念效度。

由表 4 - 16 可见：共性因子 1 包含测量变量 VAR024、VAR025、VAR026 和 VAR027，实际上就是"品牌定位精度"的表现因子；共性因子 2 包含测量变量 VAR028、VAR030 和 VAR031，实际上就是"品牌策划能力"的表现因子；共性因子 3 包含测量变量 VAR033、VAR034 和 VAR035，实际上就是"品牌运作能力"的表现因子；共性因子 4 包含测量变量 VAR038、VAR039、VAR040 和 VAR042，实际上是"品牌关系能力"的评价因子。其余测量变量的因子载荷都在 0.7 以上，说明测量变量选取得比较恰当，因此可以得出结论，即品牌塑造力主要由品牌定位精度、品牌策划能力、品牌运作能力和品牌关系能力等方面的因素来测评。

（三）品牌支持力的效度分析

品牌支持力潜在变量的取样适当性 KMO 值为 0.827，大于 0.5 的标准值；Bartlett 球形检验显著水平为 0.000，故拒绝原假设表明变量之间相关，因此品牌支持力潜在变量适合进行因子分析和主成分分析。其分析结果如表 4 - 17、表 4 - 18 和表 4 - 19 所示。

表 4 - 17　品牌支持力的小样本 KMO 及 Bartlett 球形检验

| KMO 值 | | 0.872 |
|---|---|---|
| Bartlett 检验 | Approx. Chi - Square（卡方值） | 333.342 |
| | Df（自由度） | 55 |
| | Sig. | 0.000 |

资料来源：笔者整理。

由表 4 - 18 可知：通过对潜在变量品牌支持力包含的观察变量进行因子分析可以提取四个共性因子，其累计方差解释比例达到了 72.115%，超过 60% 的最低标准，说明潜在变量"品牌支持力"具有较高的构念效度。

表4-18　品牌支持力的小样本总方差解释

| 主成分 | 初始特征值 | | | 因子载荷平方和 | | |
|---|---|---|---|---|---|---|
| | 总和 | 解释变量百分比 | 累计方差解释 | 总和 | 解释变量百分比 | 累计方差解释 |
| 1 | 6.685 | 31.584 | 31.684 | 6.685 | 31.584 | 31.684 |
| 2 | 3.282 | 15.677 | 49.271 | 3.282 | 15.677 | 49.271 |
| 3 | 2.788 | 12.931 | 62.197 | 2.788 | 12.931 | 62.197 |
| 4 | 1.675 | 9.808 | 72.115 | 1.675 | 9.808 | 72.115 |

资料来源：笔者整理。

表4-19　品牌支持力小样本各测量变量的因子载荷

| 观察变量 | 代码 | 共性因子 | | | |
|---|---|---|---|---|---|
| | | 因子1 | 因子2 | 因子3 | 因子4 |
| 品牌溢价性 | VAR043 | 0.852 | | | |
| 长期购买率 | VAR044 | 0.817 | | | |
| 品牌偏好性 | VAR045 | 0.796 | | | |
| 缺货忠诚率 | VAR046 | 0.748 | | | |
| 顾客推荐率 | VAR048 | 0.721 | | | |
| 品牌质量满意度 | VAR049 | | 0.809 | | |
| 品牌炫耀性满意度 | VAR050 | | 0.772 | | |
| 品牌服务满意度 | VAR052 | | 0.744 | | |
| 品牌知名状态 | VAR053 | | | 0.782 | |
| 品牌识别系统 | VAR055 | | | 0.761 | |
| 无提示知名度 | VAR056 | | | 0.315 | |
| 品牌信任程度 | VAR063 | | | 0.721 | |
| 品牌品质承诺 | VAR064 | | | 0.752 | |
| 品牌个性联想 | VAR058 | | | | 0.782 |
| 品牌功能联想 | VAR059 | | | | 0.743 |
| 企业组织联想 | VAR062 | | | | 0.706 |

资料来源：笔者整理。

由表4-19可知：共性因子1包含测量变量VAR043、VAR044、VAR045、VAR046和VAR048，实际上就是"品牌忠诚度"的表现因子；共性因子2包含测量变量 VAR049、VAR050 和 VAR052，实际上就是"品牌满意度"的表现因子；共性因子 3 包含测量变量 VAR053、VAR055、VAR056、VAR063 和 VAR064，其中 VAR056 因子载荷小于 0.4，故将其删除，其余四个变量包含了品牌知名度和品牌美誉度，笔者将其归入"品牌知名度"的表现因子；共性因子 4 包含测量变量 VAR058、VAR059 和 VAR062，实际上是"品牌联想度"的评价因子。其余测量变量的因子载荷都在 0.7 以上，说明测量变量选取得比较恰当，因此可以得出结论即品牌支持力主要由品牌忠诚度、品牌满意度、品牌知名度和品牌联想度等方面的因素来测评。

（四）品牌市场力的效度分析

品牌市场力潜在变量的取样适当性 KMO 值为 0.851，大于 0.5 的标准值；Bartlett 球形检验显著水平为 0.000，故拒绝原假设表明变量之间相关，因此品牌市场力潜在变量适合进行因子分析和主成分分析。其分析结果如表 4－20、表4－21 和表 4－22 所示。

表 4－20　品牌市场力的小样本 KMO 及 Bartlett 球形检验

| | KMO 值 | 0.851 |
|---|---|---|
| Bartlett 检验 | Approx. Chi－Square（卡方值） | 2783.135 |
| | Df（自由度） | 171 |
| | Sig. | 0.000 |

资料来源：笔者整理。

表 4－21　品牌市场力的小样本总方差解释

| 主成分 | 初始特征值 | | | 因子载荷平方和 | | |
|---|---|---|---|---|---|---|
| | 总和 | 解释变量百分比 | 累计方差解释 | 总和 | 解释变量百分比 | 累计方差解释 |
| 1 | 4.695 | 27.564 | 27.564 | 4.695 | 27.564 | 27.564 |
| 2 | 2.982 | 16.697 | 44.261 | 2.982 | 16.697 | 44.261 |
| 3 | 1.638 | 13.832 | 57.093 | 1.638 | 13.832 | 57.093 |
| 4 | 1.205 | 8.908 | 66.001 | 1.205 | 8.908 | 66.001 |

资料来源：笔者整理。

表4-22 品牌市场力小样本各测量变量的因子载荷

| 观察变量 | 代码 | 共性因子 | | | |
| --- | --- | --- | --- | --- | --- |
| | | 因子1 | 因子2 | 因子3 | 因子4 |
| 市场占有率 | VAR070 | 0.871 | | | |
| 市场覆盖率 | VAR071 | 0.793 | | | |
| 市场渗透率 | VAR072 | 0.721 | | | |
| 品牌溢价率 | VAR075 | | 0.849 | | |
| 品牌资产报酬率 | VAR076 | | 0.675 | | |
| 品牌销售收入增长率 | VAR078 | | | 0.757 | |
| 品牌销售额增长率 | VAR079 | | | 0.679 | |
| 品牌成长年龄 | VAR081 | | | 0.481 | |
| 品牌产品出口总额 | VAR082 | | | | 0.711 |
| 品牌产品出口利润率 | VAR083 | | | | 0.640 |

资料来源：笔者整理。

由表4-21可知：通过对潜在变量品牌市场力包含的观察变量进行因子分析可以提取四个共性因子，其累计方差解释比例达到了66.001%，超过60%的最低标准说明潜在变量"品牌市场力"具有较高的构念效度。

由表4-22可知：共性因子1包含测量变量VAR070、VAR071和VAR072，实际上就是"市场占有力"的表现因子；共性因子2包含测量变量VAR075和VAR076，实际上就是"超值获利力"的表现因子；共性因子3包含测量变量VAR078、VAR079和VAR081，它们实际上就是"市场稳定力"的表现因子；共性因子4包含测量变量VAR082和VAR083，它们实际上是"国际影响力"的评价因子。测量变量的因子载荷都在0.4以上，说明测量变量选取得比较恰当，因此可以得出结论即品牌市场力主要由市场占有力、超值获利力、市场稳定力和国际影响力等方面的因素来测评。

**（五）品牌资本力的效度分析**

品牌资本力潜在变量的取样适当性KMO值为0.698，大于0.5的标准值；Bartlett球形检验显著水平为0.000，故拒绝原假设表明变量之间相关，因此品牌资本力潜在变量适合进行因子分析和主成分分析。其分析结果如表4-23、表4-

24 和表 4 – 25 所示。

表 4 – 23　品牌资本力的小样本 KMO 及 Bartlett 球形检验

| | KMO 值 | 0.698 |
|---|---|---|
| Bartlett 检验 | Approx. Chi – Square（卡方值） | 27.185 |
| | Df（自由度） | 17 |
| | Sig. | 0.000 |

资料来源：笔者整理。

表 4 – 24　品牌资本力的小样本总方差解释

| 主成分 | 初始特征值 | | | 因子载荷平方和 | | |
|---|---|---|---|---|---|---|
| | 总和 | 解释变量百分比 | 累计方差解释 | 总和 | 解释变量百分比 | 累计方差解释 |
| 1 | 3.695 | 29.564 | 29.564 | 3.695 | 29.564 | 29.564 |
| 2 | 1.982 | 17.698 | 47.262 | 1.982 | 17.698 | 47.262 |
| 3 | 1.038 | 14.842 | 61.114 | 1.038 | 14.842 | 61.114 |

资料来源：笔者整理。

表 4 – 25　品牌资本力小样本各测量变量的因子载荷

| 观察变量 | 代码 | 共性因子 | | |
|---|---|---|---|---|
| | | 因子 1 | 因子 2 | 因子 3 |
| 销售收入 | VAR085 | 0.791 | | |
| 净利润 | VAR086 | 0.759 | | |
| 净资产 | VAR087 | 0.721 | | |
| 近三年净利润增长率 | VAR088 | | 0.769 | |
| 近三年销售收入增长率 | VAR089 | | 0.743 | |
| 净资产利润率 | VAR090 | | | 0.746 |
| 总资产贡献率 | VAR091 | | | 0.709 |

资料来源：笔者整理。

由表 4 – 24 可知，通过对潜在变量品牌资本力包含的观察变量进行因子分析可以提取四个共性因子，其累计方差解释比例达到了 61.114%，超过 60% 的最低标准说明潜在变量"品牌资本力"具有较高的构念效度。

由表 4 - 25 可知：共性因子 1 包含测量变量 VAR085、VAR086 和 VAR087，实际上就是"资本规模力"的表现因子；共性因子 2 包含测量变量 VAR088 和 VAR089，实际上就是"资本增长力"的表现因子；共性因子 3 包含测量变量 VAR090 和 VAR091，它们实际上就是"资本效率力"的表现因子。测量变量的因子载荷都在 0.7 以上，说明测量变量选取得比较恰当，因此可以得出结论即品牌资本力主要由资本规模力、资本增长力和资本效率力等方面的因素来测评。

综上所述，63 个观察变量经过因子分析和主成分分析法检验初试量表的构念效度，删除因子载荷小于 0.4 的条目三个，经过信度分析后得到 60 个观测变量，19 个二级潜变量。

# 第四节　基于大样本的正式测试量表开发

关于量表开发技术笔者参考 Churchill（1979）、Hinkin Timothy（1995）和 DeVellis（2004）等论述的，量表开发的最行之有效的方法主要包括三个步骤：条目开发、量表开发及量表评估，笔者参考以上编制技术开发中国自主企业品牌竞争力量表。通过对问卷信度和效度的小样本预检验得到修正问卷，包含五个子量表，共 60 个测试项目，正式测试量表可应用于大样本的正式调查研究。

## 一、大样本数据收集及统计学特征

问卷涉及企业品牌竞争力相关问题，本书把抽样对象集中在中国市场学会的部分会员单位的中高级管理人员、市场总监和市场经理班学员以及各地市场学（协）会和品牌委员会的专家学者。正式测试工作于 2011 年 5～6 月完成，向全国各地发出 300 份问卷，回收有效问卷总计为 220 份，有效问卷回收率为 73.3%。本书应用 SPSS19.0 对所有有效问卷得分数据进行统计分析。样本人口统计学特征统计结果如表 4 - 26 所示。

表 4-26　大样本数据人口统计学特征

| 序号 | 统计学特征 | 具体分类 | 比例 |
|---|---|---|---|
| 1 | 性别 | 男 | 82% |
| | | 女 | 18% |
| 2 | 年龄 | 30 周岁以下 | 5% |
| | | 30～40 周岁 | 19% |
| | | 41～50 周岁 | 41% |
| | | 50 周岁以上 | 35% |
| 3 | 学历程度 | 大专学历 | 5% |
| | | 本科学历 | 46% |
| | | 硕士学历 | 35% |
| | | 博士学历 | 14% |
| 4 | 单位性质 | 国有企业 | 5% |
| | | 民营企业 | 53% |
| | | 学会系统 | 25% |
| | | 科研院校 | 17% |
| 5 | 发展阶段 | 初创期 | 10% |
| | | 成长期 | 58% |
| | | 成熟期 | 30% |
| | | 衰退期 | 2% |
| 6 | 管理（或科研）经验 | 3 年以下 | 12% |
| | | 3～5 年 | 18% |
| | | 6～10 年 | 38% |
| | | 10 年以上 | 32% |

## 二、基于大样本的量表生成与修正

为了精简我们设计了初步计量项目，用来评估企业品牌竞争力量表的可靠性和有效性，本书考虑进一步采用科学计量的方法删除非必要的条目。条目筛选应该遵循选择重要性大、敏感性强、代表性好、独立性强、区分性好的原则，并考虑条目的可接受性。本书综合考虑采用全面系统的量表测项修正方法，具体参考吴志平和陈福添（2011）关于量表开发中项目筛选的基本方法，即采用离散程度法、相关系数法、因子分析法、区分度分析法、Chronbach's α 系数法、重测信度法分析结果及筛选最后结果。本书将样本随机分成 2 个部分分析对比用来检测重测信度。

首先运用 IBM SPSS 19.0 统计软件对样本做主成分探测性因子分析（EFA），按照上述六种条目筛选方法分析每一个条目。具体方法是汇总六种方法的提名，将被提名次数达四次以上的条目作为最终结果，所有分析结果整理成表 4 - 27。

表 4 - 27　企业品牌竞争力测评条目筛选分析结果

| 量表名称 | 因子名称 | 测项编码 | 离散程度法 | 相关系数法 | 因子分析法 | 区分度分析法 | Chronbach's α 系数法 | 重测信度法 | 提名次数 | 保留条件 |
|---|---|---|---|---|---|---|---|---|---|---|
| 品牌发展力 | 品牌技术创新力 | VAR001 | 0.57 * | 0.87 * | 0.83 * | 0.00 * | 0.737 * | 0.83 * | 6 | √ |
| | | VAR002 | 0.62 * | 0.32 | 0.28 | 0.02 | 0.721 * | 0.46 | 2 | |
| | | VAR003 | 0.47 * | 0.78 * | 0.75 * | 0.00 * | 0.729 * | 0.41 | 5 | √ |
| | 品牌战略投资力 | VAR006 | 0.98 | 0.54 * | 0.33 | 0.04 | 0.697 | 0.61 * | 2 | |
| | | VAR007 | 0.79 * | 0.88 * | 0.79 * | 0.00 * | 0.726 * | 0.88 * | 5 | √ |
| | | VAR008 | 0.99 | 0.45 * | 0.32 | 0.05 | 0.743 | 0.35 | 1 | |
| | 企业综合能力 | VAR010 | 0.35 * | 0.86 * | 0.79 * | 0.00 * | 0.717 * | 0.81 * | 6 | √ |
| | | VAR011 | 0.59 * | 0.75 * | 0.74 * | 0.00 * | 0.724 * | 0.79 * | 6 | √ |
| | | VAR012 | 0.75 | 0.69 * | 0.73 * | 0.02 | 0.706 * | 0.71 * | 4 | √ |
| | | VAR015 | 0.97 | 0.27 | 0.61 * | 0.11 | 0.684 | 0.30 | 1 | |
| | | VAR018 | 0.89 | 0.34 | 0.33 | 0.05 | 0.729 | 0.31 | 0 | |
| | 行业发展潜力 | VAR020 | 0.61 * | 0.91 * | 0.78 * | 0.00 * | 0.693 * | 0.89 * | 6 | √ |
| | | VAR021 | 0.70 | 0.79 * | 0.76 * | 0.00 * | 0.713 * | 0.50 | 4 | √ |
| | | VAR022 | 0.43 * | 0.80 * | 0.70 * | 0.02 | 0.637 * | 0.83 * | 5 | √ |
| 品牌塑造力 | 品牌定位精度 | VAR024 | 0.41 * | 0.81 * | 0.81 * | 0.00 * | 0.779 * | 0.78 * | 6 | √ |
| | | VAR025 | 0.88 | 0.28 | 0.22 | 0.00 * | 0.792 | 0.45 | 2 | |
| | | VAR026 | 0.60 * | 0.34 | 0.58 * | 0.00 * | 0.781 | 0.50 | 3 | |
| | | VAR027 | 0.58 * | 0.88 * | 0.79 * | 0.00 * | 0.739 * | 0.85 * | 6 | √ |
| | 品牌策划能力 | VAR028 | 0.43 * | 0.84 * | 0.73 * | 0.00 * | 0.712 * | 0.50 | 5 | √ |
| | | VAR030 | 0.55 * | 0.80 * | 0.72 * | 0.00 * | 0.695 * | 0.81 * | 6 | √ |
| | | VAR031 | 0.90 | 0.32 | 0.22 | 0.05 | 0.753 | 0.30 | 0 | |

续表

| 量表<br>名称 | 因子<br>名称 | 测项<br>编码 | 离散<br>程度法 | 相关<br>系数法 | 因子<br>分析法 | 区分度<br>分析法 | Chronbach's<br>α系数法 | 重测<br>信度法 | 提名<br>次数 | 保留<br>条件 |
|---|---|---|---|---|---|---|---|---|---|---|
| 品牌<br>塑造力 | 品牌运作<br>能力 | VAR033 | 0.38* | 0.76* | 0.80* | 0.00* | 0.730* | 0.79* | 6 | √ |
| | | VAR034 | 0.45* | 0.73* | 0.74* | 0.00* | 0.729* | 0.77* | 6 | √ |
| | | VAR035 | 0.77 | 0.70* | 0.73* | 0.00* | 0.711* | 0.55* | 4 | √ |
| | 品牌关系<br>能力 | VAR038 | 0.46* | 0.82* | 0.80* | 0.00* | 0.739* | 0.85* | 6 | √ |
| | | VAR039 | 0.57* | 0.78* | 0.73* | 0.02 | 0.731* | 0.76* | 5 | √ |
| | | VAR040 | 0.61* | 0.73* | 0.68* | 0.00* | 0.719* | 0.75* | 6 | √ |
| | | VAR042 | 0.92 | 0.45* | 0.35 | 0.00* | 0.741 | 0.31 | 2 | |
| 品牌<br>支持力 | 品牌<br>忠诚度 | VAR043 | 0.51* | 0.87* | 0.83* | 0.00* | 0.837* | 0.79* | 6 | √ |
| | | VAR044 | 1.03 | 0.33 | 0.38 | 0.12 | 0.821 | 0.41 | 0 | |
| | | VAR045 | 0.54* | 0.85* | 0.78* | 0.00* | 0.722* | 0.78* | 6 | √ |
| | | VAR046 | 0.51* | 0.82* | 0.76* | 0.00* | 0.791* | 0.85* | 6 | √ |
| | | VAR048 | 0.77 | 0.75* | 0.71* | 0.00* | 0.799* | 0.72* | 5 | √ |
| | 品牌<br>满意度 | VAR049 | 0.59* | 0.85* | 0.81* | 0.00* | 0.792* | 0.84* | 6 | √ |
| | | VAR050 | 0.46* | 0.75* | 0.77* | 0.00* | 0.729* | 0.79* | 6 | √ |
| | | VAR052 | 0.69 | 0.73* | 0.74* | 0.00* | 0.784* | 0.59* | 4 | √ |
| | 品牌<br>知名度 | VAR053 | 0.65* | 0.34 | 0.27 | 0.03 | 0.717 | 0.39 | 1 | |
| | | VAR055 | 1.05 | 0.55* | 0.37 | 0.00* | 0.686 | 0.40 | 3 | |
| | | VAR063 | 0.98 | 0.17 | 0.22 | 0.05 | 0.693 | 0.19 | 0 | |
| | | VAR064 | 0.60* | 0.30 | 0.50* | 0.08 | 0.713 | 0.55* | 3 | |
| | 品牌<br>联想度 | VAR058 | 0.63* | 0.90* | 0.78* | 0.00* | 0.679* | 0.87* | 6 | √ |
| | | VAR059 | 0.53* | 0.97* | 0.74* | 0.00* | 0.741* | 0.55* | 5 | √ |
| | | VAR062 | 0.50* | 0.81* | 0.71* | 0.00* | 0.692* | 0.80* | 6 | √ |
| 品牌<br>市场力 | 市场<br>占有力 | VAR070 | 0.30* | 0.79* | 0.87* | 0.00* | 0.821* | 0.75* | 6 | √ |
| | | VAR071 | 0.31* | 0.80* | 0.79* | 0.00* | 0.791* | 0.87* | 6 | √ |
| | | VAR072 | 0.70 | 0.76* | 0.72* | 0.05 | 0.729* | 0.74* | 4 | √ |
| | 超值<br>获利力 | VAR075 | 0.32* | 0.81* | 0.85* | 0.00* | 0.837* | 0.83* | 6 | √ |
| | | VAR076 | 0.44* | 0.77* | 0.68* | 0.00* | 0.729* | 0.58* | 5 | √ |
| | 市场<br>稳定力 | VAR078 | 0.44* | 0.75* | 0.76* | 0.00* | 0.748* | 0.74* | 6 | √ |
| | | VAR079 | 0.79 | 0.72* | 0.68* | 0.00* | 0.723* | 0.75* | 5 | √ |
| | | VAR081 | 0.55* | 0.69* | 0.48* | 0.00* | 0.729* | 0.73* | 6 | √ |

续表

| 量表名称 | 因子名称 | 测项编码 | 离散程度法 | 相关系数法 | 因子分析法 | 区分度分析法 | Chronbach's α系数法 | 重测信度法 | 提名次数 | 保留条件 |
|---|---|---|---|---|---|---|---|---|---|---|
| 品牌市场力 | 国际影响力 | VAR082 | 0.54 * | 0.35 | 0.38 | 0.00 * | 0.719 | 0.37 | 2 | |
| | | VAR083 | 0.53 * | 0.28 | 0.29 | 0.07 | 0.711 | 0.25 | 1 | |
| 品牌资本力 | 资本规模力 | VAR085 | 0.51 * | 0.85 * | 0.78 * | 0.00 * | 0.765 * | 0.87 * | 6 | √ |
| | | VAR086 | 0.56 * | 0.76 * | 0.74 * | 0.00 * | 0.721 * | 0.72 * | 6 | √ |
| | | VAR087 | 0.69 | 0.71 * | 0.72 * | 0.01 | 0.719 * | 0.68 * | 4 | √ |
| | 资本增长力 | VAR088 | 0.74 | 0.73 * | 0.76 * | 0.00 * | 0.741 * | 0.78 * | 5 | √ |
| | | VAR089 | 0.62 * | 0.71 * | 0.73 * | 0.00 * | 0.713 * | 0.67 * | 6 | √ |
| | 资本效率力 | VAR090 | 0.51 * | 0.75 * | 0.77 * | 0.00 * | 0.712 * | 0.73 * | 6 | √ |
| | | VAR091 | 0.69 | 0.74 * | 0.73 * | 0.02 | 0.698 * | 0.71 * | 4 | √ |

注：*表示在0.1水平上显著。

（1）离散程度法从敏感性角度挑选指标，本书利用各条目得分的标准差来衡量其离散程度，标准差越大说明指标得分的离散程度越大，其指标的敏感性较低，因此根据表4-27中数据标准差排列情况排除0.7以上条目，共有40个条目入选，20个条目未入选，提示大部分条目的敏感性较好。

（2）相关系数法是从代表性和独立性角度筛选条目。计算选择条目得分与该维度（因子）去掉该条目后得分的Pearson相关系数，选择相关系数的绝对值较大（$|r| \geqslant 0.4$）且有显著性意义的条目，有48个条目入选，12个条目未入选。

（3）因子分析法是从代表性角度筛选条目。此处的因子分析指的是探索性因子分析，通过对整个调查表所有条目进行因子分析，根据因子负荷考虑各个因子主要由哪些条目决定，选择各因子内载荷较大者作为入选条目，多数采用因子负荷0.4作为入选标准，共有47个条目入选。

（4）区分度分析法是从区分性和重要性角度筛选条目。一般对各条目进行t检验，选取能够区别不同类别的条目。本次调查共有22个条目在区别度上具有显著性意义（$P < 0.01$）。

（5）Chronbach's α系数法是从内部一致性角度筛选条目，共有17个条目因影响所对应方面的内部一致性而未入选，43个条目入选。

（6）重测信度法从稳定性的角度进行条目筛选，因本次调查对样本随机分配成两份进行此次信度分析，重测相关系数较低者排除，共有43个条目通过筛选。

以上方法各有优劣，本调查从多个角度分析各个条目，制定较严格的最后入选标准（即六种方法被入选达四次以上者），使每个条目具备较好的敏感性、代表性、独立性、重要性、内部一致性及可重测性，这无疑能够提高最终测试量表的质量。通过上述六种条目分析方法，从60个条目中删除16个条目，最后筛选出44个条目，建立中国自主企业品牌竞争力正式测评量表。

### 三、基于探索性因子分析的量表测试与检验

根据以上六种条目筛选方法，60个测项总计删除了16个，形成包含44个测项的五个企业品牌竞争力子量表，运用IBM SPSS 19.0统计软件对样本做探索性因子分析（EFA），屏蔽删除选项分别得出每个子量表进行正交旋转后公共因子、各因子载荷、特征值以及对总体方差贡献率等分析结果，从而可以判断各子量表的信度和区分效度情况。

（一）品牌发展力子量表的探索性因子分析

首先利用探索性因子分析 Chronbach's α 系数评估品牌发展力三个维度的可靠性，根据 NUNNALLY 的观点，Chronbach's α 系数在 0.70 以上是可接受的最小信度值。一般规律，一份信度系数好的量表或问卷，其总量表的信度系数最好在 0.80 以上，如果在 0.70 ~ 0.80，还算是可以接受的范围。由表 4 - 28 可知，本书中三因子模型的各因子分量表的信度系数和总量表的信度系数均大于 0.70，证明本量表具有较高的信度。

其次，从探索性因子分析正交旋转得出了 KMO（Kaiser - Meyer - Ollkin）和 Bartlett 球形检验结果，得到 KMO 测度的值为 0.783，Bartlett 球形检验给出的相伴概率为 0.000，小于显著性水平 0.01，因此拒绝 Bartlet 球形检验的零假设，认为本问卷及其各因子组成项目的构建效度好。

**表 4-28 品牌发展力测项的探索性因子（EFA）分析结果**

| 因子 | 代码 | 测项 | 旋转后因子载荷 | Cronbacha's α 系数 |
|---|---|---|---|---|
| 因子 1：<br>品牌技术创新力 | VAR001 | 品牌质量合格率 | 0.741 | 0.70 |
| | VAR003 | 新产品开发速度 | 0.833 | |
| | VAR007 | R&D 占总收入比重 | 0.736 | |
| 因子 2：<br>企业综合能力 | VAR010 | 企业技术支持力 | 0.857 | 0.729 |
| | VAR011 | 企业人才支持力 | 0.860 | |
| | VAR012 | 企业资源支持力 | 0.707 | |
| 因子 3：<br>品牌行业发展潜力 | VAR020 | 政府政策支持度 | 0.829 | 0.712 |
| | VAR021 | 行业整体发展潜力 | 0.881 | |
| | VAR022 | 行业内竞争趋势 | 0.889 | |

注：提取因子方法为主成分分析法，Kaiser 标准化的正交旋转法，下同。

**（二）品牌塑造力子量表的探索性因子分析**

首先，利用探索性因子分析 Chronbach's α 系数评估品牌塑造力三个维度的可靠性，根据 NUNNALLY 的观点，Chronbach's α 系数在 0.70 以上是可接受的最小信度值。由表 4-29 可知，本书中三因子模型的各因子分量表的信度系数和总量表的信度系数均大于 0.70，证明本量表具有较高的信度。

**表 4-29 品牌塑造力测项的探索性因子（EFA）分析结果**

| 因子 | 代码 | 测项 | 旋转后因子载荷 | Cronbacha's α 系数 |
|---|---|---|---|---|
| 因子 1：<br>品牌策划能力 | VAR024 | 市场定位度 | 0.797 | 0.885 |
| | VAR027 | 品牌延伸度 | 0.799 | |
| | VAR028 | 品牌形象设计 | 0.817 | |
| | VAR030 | 品牌个性塑造 | 0.810 | |
| 因子 2：<br>品牌运作能力 | VAR033 | 品牌保护能力 | 0.866 | 0.863 |
| | VAR034 | 品牌传播效率 | 0.888 | |
| | VAR035 | 品牌危机处理能力 | 0.837 | |
| 因子 3：<br>品牌关系能力 | VAR038 | 品牌与政府关系 | 0.841 | 0.860 |
| | VAR039 | 品牌社会责任 | 0.870 | |
| | VAR040 | 品牌与客户关系 | 0.792 | |

其次，从探索性因子分析正交旋转得出了 KMO（Kaiser – Meyer – Ollkin）和 Bartlett 球形检验结果，KMO 测度的值为 0.843，Bartlett 球形检验给出的相伴概率为 0.000，小于显著性水平 0.01，因此拒绝 Bartlet 球形检验的零假设，认为本量表及其各因子组成项目的构建效度好。

（三）品牌支持力子量表的探索性因子分析

首先，利用探索性因子分析 Chronbach's α 系数评估品牌支持力三个维度的可靠性，根据 NUNNALLY 的观点，Chronbach's α 系数在 0.70 以上是可接受的最小信度值。由表 4 – 30 可知，本书中三因子模型的各因子分量表的信度系数和总量表的信度系数均大于 0.70，证明本量表具有较高的信度。

表 4 – 30　品牌支持力测项的探索性因子（EFA）分析结果

| 因子 | 代码 | 测项 | 旋转后因子载荷 | Cronbacha's α 系数 |
|---|---|---|---|---|
| 因子 1：品牌忠诚度 | VAR043 | 品牌溢价性 | 0.836 | 0.849 |
| | VAR045 | 品牌偏好性 | 0.899 | |
| | VAR046 | 缺货忠诚率 | 0.850 | |
| | VAR048 | 顾客推荐率 | 0.855 | |
| 因子 2：品牌满意度 | VAR049 | 品牌质量满意度 | 0.839 | 0.951 |
| | VAR050 | 品牌炫耀性满意度 | 0.842 | |
| | VAR052 | 品牌服务满意度 | 0.875 | |
| 因子 3：品牌联想度 | VAR058 | 品牌个性联想 | 0.892 | 0.951 |
| | VAR059 | 品牌功能联想 | 0.899 | |
| | VAR062 | 企业组织联想 | 0.881 | |

其次，从探索性因子分析正交旋转得出了 KMO（Kaiser – Meyer – Ollkin）和 Bartlett 球形检验结果，得出 KMO 测度的值为 0.889，Bartlett 球形检验给出的相伴概率为 0.000，小于显著性水平 0.01，因此拒绝 Bartlet 球形检验的零假设，认为本量表及其各因子组成项目的构建效度好。

（四）品牌市场力子量表的探索性因子分析

首先，利用探索性因子分析 Chronbach's α 系数评估品牌市场力三个维度的可靠性，根据 NUNNALLY 的观点，Chronbach's α 系数在 0.70 以上是可接受的最小信度值。由表 4-31 可知，本书中三因子模型的各因子分量表的信度系数和总量表的信度系数均大于 0.70，证明本量表具有较高的信度。

表 4-31 品牌市场力测项的探索性因子（EFA）分析结果

| 因子 | 代码 | 测项 | 旋转后因子载荷 | Cronbacha's α 系数 |
|---|---|---|---|---|
| 因子 1：<br>市场占有力 | VAR070 | 市场占有率 | 0.914 | 0.953 |
| | VAR071 | 市场覆盖率 | 0.911 | |
| | VAR072 | 市场渗透率 | 0.905 | |
| 因子 2：<br>超值获利力 | VAR075 | 品牌溢价率 | 0.947 | 0.931 |
| | VAR076 | 品牌资产报酬率 | 0.944 | |
| 因子 3：<br>市场稳定力 | VAR078 | 品牌销售收入增长率 | 0.829 | 0.850 |
| | VAR079 | 品牌销售额增长率 | 0.773 | |
| | VAR081 | 品牌成长年龄 | 0.892 | |

其次，从探索性因子分析正交旋转得出了 KMO（Kaiser - Meyer - Ollkin）和 Bartlett 球形检验结果，得出 KMO 测度的值为 0.777，Bartlett 球形检验给出的相伴概率为 0.000，小于显著性水平 0.01，因此拒绝 Bartlet 球形检验的零假设，认为本量表及其各因子组成项目的构建效度较好。

（五）品牌资本力子量表的探索性因子分析

首先，利用探索性因子分析 Chronbach's α 系数评估品牌资本力三个维度的可靠性，根据 NUNNALLY 的观点，Chronbach's α 系数在 0.70 以上是可接受的最小信度值。由表 4-32 可知，本书中三因子模型的各因子分量表的信度系数和总量表的信度系数均大于 0.70，证明本量表具有较高的信度。

其次，从探索性因子分析正交旋转得出了 KMO（Kaiser - Meyer - Ollkin）和 Bartlett 球形检验结果，得出 KMO 测度的值为 0.853，Bartlett 球形检验给出的相伴概率为 0.000，小于显著性水平 0.01，因此拒绝 Bartlet 球形检验的零假设，认为本量表及其各因子组成项目的构建效度好。

表 4-32   品牌资本力测项的探索性因子（EFA）分析结果

| 因子 | 代码 | 测项 | 旋转后因子载荷 | Cronbacha's α 系数 |
|---|---|---|---|---|
| 因子 1:<br>资本规模力 | VAR085 | 销售收入 | 0.859 | 0.891 |
| | VAR086 | 净利润 | 0.654 | |
| | VAR087 | 净资产 | 0.889 | |
| 因子 2:<br>资本成长力 | VAR088 | 近三年净利润增长率 | 0.871 | 0.896 |
| | VAR089 | 近三年销售收入增长率 | 0.845 | |
| 因子 3:<br>资本效率力 | VAR090 | 净资产利润率 | 0.822 | 0.921 |
| | VAR091 | 总资产贡献率 | 0.832 | |

### 四、基于验证性因子分析的量表测试与检验

本书接下来对屏蔽已删除测项的正式数据进行验证性因子分析，按照科学的数据录入和操作程序保证本书的严谨性。根据正式测评量表将假设模型做进一步修正得出企业品牌竞争力测评结构模型（见图 4-5），潜在变量采用椭圆表示，观察变量采用长方形表示。

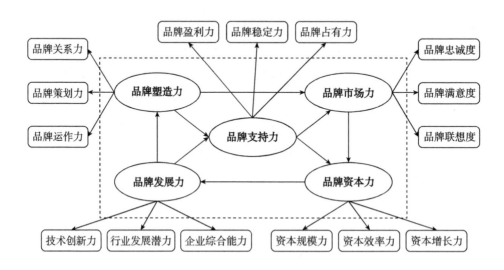

图 4-5   企业品牌竞争力测评结构模型

根据企业品牌竞争力总测量模型，运行品牌竞争力潜在变量及其所属的二级变量及观察变量数据，对总的测量模型进行验证性因子分析得到结果如表4-33和图4-6所示。

表4-33 企业品牌竞争力测量模型的拟合度分析

| 拟合指数 | $\chi^2/df$ | GFI | AGFI | RMR | RMSEA | NFI | NNFI | IFI | CFI | PGFI | PNFI |
|---|---|---|---|---|---|---|---|---|---|---|---|
| 实际值 | 1.224 | 0.952 | 0.923 | 0.070 | 0.036 | 0.900 | 0.917 | 0.910 | 0.910 | 0.687 | 0.651 |
| 标准 | 1~3 | >0.90 | >0.90 | <0.08 | <0.08 | >0.90 | >0.90 | >0.90 | >0.90 | >0.50 | >0.50 |

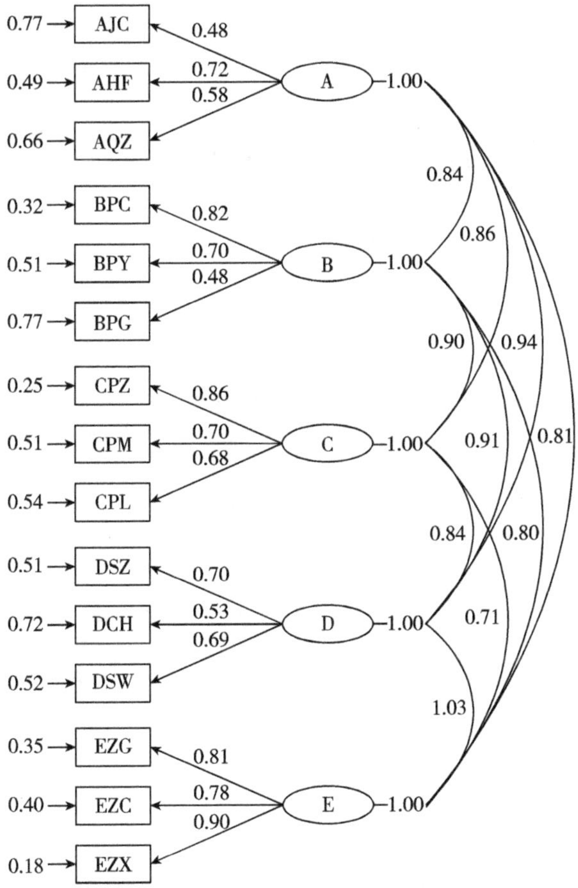

图4-6 企业品牌竞争五力结构的标准化路径

表4-33 数据显示，模型的 CFI 值为 0.952，IFI 的值为 0.910，NFI 的值为 0.900，说明测量模型增值拟合度较好；标准化的 RMR 的值为 0.070，小于 0.08，以上说明测量模型绝对拟合度较好；在简约拟合度指数中，PGFI 和 PNFI 均大于 0.50，说明测量模型简约拟合度合格。综上所述，总测量模型的拟合度分析达到标准，说明品牌竞争力总体结构效度较好。

企业品牌竞争五力结构的标准化路径分析可以检验量表的收敛效度（见图4-6），验证性因子分析的结果表明，中国自主企业品牌竞争力测评由五个维度构成，其结构清晰，内容明确，各条目在相应因子上的载荷均大于 0.50，五因子模型是企业品牌竞争力测评最佳理论模型。

# 第五节  实证模型及假设的进一步检验

通过大样本数据信度效度分析，对有关变量进行删减和修正得到最终的研究分析数据。为了检验前文的八个变量之间的相关假设，对正式数据进行相关分析和验证性因子分析，进一步通过结构方程建模检验和修正品牌竞争力测评结构模型。

## 一、皮尔逊相关分析

运用 SPSS 对各测量变量综合因子得分进行相关分析，通过分析变量之间的皮尔逊相关系数[①]对研究假设进行的检验，如表4-34 所示。

设 $r_s$ 为皮尔逊相关系数，由表4-34 可以得出以下结论：

（1）品牌发展力与品牌塑造力呈显著正相关（$r_s = 0.610$，$p = 0.000$）；品牌

---

[①] 皮尔逊相关系数（Pearson Correlation）称参数相关系数（Parametric Correlation Coefficient），它对研究假设进行检验须符合一些前提条件：数据类型应为定距或定比类型；抽样独立性，总体的各个成员都有同等的被选择机会；总体的分布类型已知（如总体服从正态分布）；所比较的两组样本的总体变异状况即标准差相同等（李怀祖，2004）。

发展力与品牌支持力呈显著正相关（$r_s = 0.609$，$p = 0.000$）；品牌发展力与品牌市场力呈显著正相关（$r_s = 0.625$，$p = 0.000$）；品牌发展力与品牌资本力呈显著正相关（$r_s = 0.593$，$p = 0.000$）。

表4-34　品牌竞争力皮尔逊相关系数矩阵

| | | 品牌发展力 | 品牌塑造力 | 品牌支持力 | 品牌市场力 | 品牌资本力 |
|---|---|---|---|---|---|---|
| 品牌发展力 | Pearson Correlation | 1.000 | | | | |
| | Sig.（1-tailed） | | | | | |
| 品牌塑造力 | Pearson Correlation | 0.610** | 1.000 | | | |
| | Sig.（1-tailed） | 0.000 | | | | |
| 品牌支持力 | Pearson Correlation | 0.609** | 0.776** | 1.000 | | |
| | Sig.（1-tailed） | 0.000 | 0.000 | | | |
| 品牌市场力 | Pearson Correlation | 0.625** | 0.612** | 0.619** | 1.000 | |
| | Sig.（1-tailed） | 0.000 | 0.000 | 0.000 | | |
| 品牌资本力 | Pearson Correlation | 0.593** | 0.627** | 0.579** | 0.808** | 1.000 |
| | Sig.（1-tailed） | 0.000 | 0.000 | 0.000 | 0.000 | |

注：**表示在0.01水平上显著（2-tailed）。

（2）品牌塑造力与品牌支持力呈显著正相关（$r_s = 0.776$，$p = 0.000$）；品牌塑造力与品牌市场力呈显著正相关（$r_s = 0.612$，$p = 0.000$）；品牌塑造力与品牌资本力呈显著正相关（$r_s = 0.627$，$p = 0.000$）。

（3）品牌支持力与品牌市场力呈显著正相关（$r_s = 0.619$，$p = 0.000$）；品牌支持力与品牌资本力呈显著正相关（$r_s = 0.579$，$p = 0.000$）。

（4）品牌市场力与品牌资本力呈显著正相关（$r_s = 0.808$，$p = 0.000$）。

从以上分析可知，H1、H2、H3、H4、H5、H6、H7和H8通过验证支持。

**二、结构模型的路径分析**

根据文献综述和基于扎根理论的质性分析，本书提出了企业品牌竞争力"五力测评模型"和一系列假设，并构建了企业品牌竞争力结构方程模型。模型包含了五个潜在变量、15个二级潜在变量和44个观察变量来检验结构模型。经过多次模型拟合，得到的模型如图4-7所示。

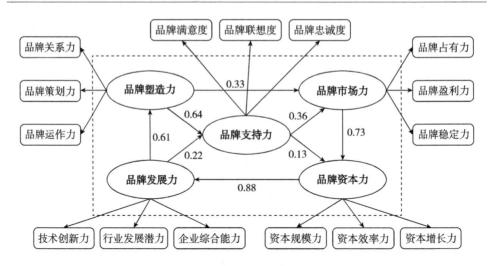

图 4-7 企业品牌竞争力模型的路径分析

从模型中可以看出，五个潜变量因素品牌发展力、品牌塑造力与品牌支持力只有直接的影响效果，没有间接的影响效果；品牌发展力、品牌塑造力与品牌市场力和品牌资本力之间通过品牌支持力存在间接影响。根据 SPSS 的输出结果，各个变量之间路径系数的 t 值均大于 1.96，且均通过显著性检验假设，得出原始八个假设均通过检验，具体如表 4-35 所示。

表 4-35 验证性因子分析假设检验结果

| 假设 | 标准化路径系数 | t 值 | 结论 |
|---|---|---|---|
| H1：品牌发展力→品牌塑造力 | 0.61 | 11.38 | 假设检验通过 |
| H2：品牌发展力→品牌支持力 | 0.22 | 4.15 | 假设检验通过 |
| H3：品牌塑造力→品牌支持力 | 0.64 | 12.39 | 假设检验通过 |
| H4：品牌塑造力→品牌市场力 | 0.33 | 4.04 | 假设检验通过 |
| H5：品牌支持力→品牌市场力 | 0.36 | 4.46 | 假设检验通过 |
| H6：品牌支持力→品牌资本力 | 0.13 | 2.53 | 假设检验通过 |
| H7：品牌市场力→品牌资本力 | 0.73 | 14.51 | 假设检验通过 |
| H8：品牌资本力→品牌发展力 | 0.59 | 10.88 | 假设检验通过 |

注：显著性水平 $p < 0.05$。

# 本章小结

  本章首先就质性研究的数据进行进一步分析，根据主编码之间逻辑关系构建"企业品牌竞争五力测评模型"，并提出八个假设。其次，借鉴以往品牌竞争力学者研究成果对质性研究结论进行理论饱和，从而初步创建了包含五个潜在变量（品牌发展力、品牌塑造力、品牌支持力、品牌市场力和品牌资本力），22个二级潜在变量共92个问题项的企业品牌竞争力初试问卷。通过小样本的问卷预检验的信度和效度检验，删除 CITC 值小于0.5并且这个变量的 Alpha 值都基本小于0.6，删除因子载荷小于0.4的条目，得到19个二级潜变量包含60个观测变量的初试量表。通过对大样本数据进行离散程度法、相关系数法、因子分析法、区分度分析法、Chronbach's α 系数法、重测信度法，对测项筛选最后得到15个二级潜变量包含44个观测变量的正式量表。最后，对正式测量数据进行探索性因子分析和验证性因子分析，且对正式量表的信度和效度进行检验。此外，通过皮尔逊相关分析和模型结构路径系数分析对五力测评模型的结构进行修正性检验，并对八个变量假设关系进行验证。

# 第五章 企业品牌竞争力指数测评方法

## 第一节 基于"五力测评"模型的测评体系

### 一、"五力测评"模型的修正及诠释

回顾文献综述部分，目前对于企业品牌竞争力的评价主要从品牌财务表现、市场表现和消费者支持的视角展开，或者是其中一个或两个方面，或者是其中两个组合，虽然在某一视角研究得较为深入，但不能全面评估品牌竞争力的综合水平。前文对企业品牌竞争力"五力测评机理"模型的结构和假设做了全面的检验，据此，本书发展了包含五个维度的品牌竞争力评价矩阵，尝试构建企业品牌竞争力五力指数评价逻辑概念模型，如图5-1所示。

本模型解决了前面提出的几个研究的问题：

（1）本模型的最初构建基于扎根理论，按照科学的质性研究程序，采用来自学术界、咨询界以及企业界三方的专家座谈会形式保证了本书的本土性和逻辑的全面性，初步构建了企业品牌竞争力的评价维度和参考指标。

（2）在质性研究数据的进一步分析基础上构建测评机理模型，并通过构建测评量表对结构模型和假设进行了实证检验，保证了本模型的逻辑合理性。

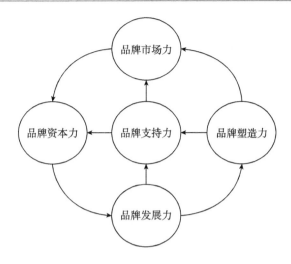

**图 5 - 1　企业品牌竞争力测评机理模型**

（3）笔者认为非财务指标虽然在数据获取方面存在一定主观性、经验性、片面性等疑难，但其在整个竞争力的评价体系中举足轻重，本模型在以往三维度的基础上加入了品牌发展力和品牌塑造力两个重要维度指标，探索其评价指标体系的科学性及系统性，力争弥补单一财务数据评价的片面性。

（4）加入品牌发展潜力模块考虑竞争主体其未来发展的情况，解决以往在以财务为主导思维下的评价体系动态性缺失问题。

（5）同时吸收全国品牌管理专家和商界品牌管理者的一线权威调研数据实证分析的科学结论，规避了主观经验假设的研究缺陷，解决了评价体系稳定性的问题。

（6）通过专家德尔菲法和因子分析法解决了指标之间的相关和交互影响，使评价体系更具精确性。

（7）本评价指标数据来源科学，包含品牌发展潜力、品牌塑造力和品牌支持力等定性指标以及品牌市场力、品牌资本力等定量指标，定量与定性结合，主观数据客观数据兼备，符合国际营销学实证研究的主流趋势。

**二、基于量表的测评指标体系构建及释义**

前文经过小样本的问卷预测试以及大样本的量表开发，最终得到五个子量表包含 44 个测项的企业品牌竞争力测评量表，但就量表的具体测评内涵还有待本章详细界定，也就是本章将对以上量表的测项进行展开分析，构建详细的测评指标体系。借鉴国内外学者对企业品牌竞争力评价指标体系的现有研究成果，根据全面性、系统性、本土性以及可测量性的原则，根据以上理论逻辑模型，笔者最终提出包含五个一级指标、15 个二级指标、44 个三级指标的测评体系，如表 5 – 1 所示。

表 5 – 1　企业品牌竞争力评价分级指标体系

| 一级指标 | 代码 | 二级指标 | 代码 | 三级指标 | 代码 | 释义及测评方法 |
|---|---|---|---|---|---|---|
| 品牌资本力 | A | 规模要素 | A1 | 销售收入 | A11 | 销售收入 = 产品销售数量 × 产品单价 |
| | | | | 净资产 | A12 | 净资产 = 资产 – 负债 |
| | | | | 净利润 | A13 | 净利润 = 利润总额 × （1 – 所得税率） |
| | | 增长因素 | A2 | 近三年销售收入增长率 | A21 | （（当年主营业务收入总额/三年前主营业务收入总额）^1/3 – 1）×100% |
| | | | | 近三年净利润增长率 | A22 | （（当年净利润总额/三年前净利润总额）^1/3 – 1）×100% |
| | | 效率因素 | A3 | 净资产利润率 | A31 | 净利润 ×2/（本年期初净资产 + 本年期末净资产） |
| | | | | 总资产贡献率 | A32 | （利润总额 + 税金总额 + 利息支出）/平均资产总额 ×100% |
| 品牌市场力 | M | 市场占有力 | M1 | 市场占有率 | M11 | 品牌产品的销量/产品的总销量 ×100% |
| | | | | 市场覆盖率 | M12 | 品牌产品的销售区域/总销售区域 ×100% |
| | | | | 市场渗透率 | M13 | 新品牌区域销售额/区域总销售额 ×100% |
| | | 超值获利能力 | M2 | 品牌溢价率 | M21 | （品牌产品价格 – 无品牌产品价格）/无品牌产品价格 |
| | | | | 品牌资产报酬率 | M22 | 品牌利润/企业总资产 ×100% |
| | | 市场稳定性 | M3 | 品牌销售收入增长率 | M31 | （本年度品牌产品的销售收入 – 上年度品牌产品的销售收入）/上年度品牌产品的销售收入 |
| | | | | 品牌销售利润增长率 | M32 | （本年度品牌产品的盈利率 – 上年度品牌产品的盈利率）/上年度品牌产品的盈利率 |
| | | | | 品牌成长年龄 | M33 | 从品牌历史角度进行测量 |

续表

| 一级指标 | 代码 | 二级指标 | 代码 | 三级指标 | 代码 | 释义及测评方法 |
|---|---|---|---|---|---|---|
| 品牌发展力 | D | 品牌技术创新力 | D1 | 品牌质量合格率 | D11 | 品牌合格产品数量/产品总数×100% |
| | | | | 新产品开发速度 | D12 | 从新产品调研周期、研发周期、应用周期等方面衡量,评分标准分为五级 |
| | | | | R&D占销售收入的比重 | D13 | 技术投入经费/销售收入×100% |
| | | 企业综合能力 | D2 | 企业技术支持力 | D21 | 从企业的技术人才储备、技术硬件设备、技术经费投入等方面衡量,评分标准分为五级 |
| | | | | 企业人才支持力 | D22 | 从企业的品牌管理专项人才、品牌服务人才、品牌策划人才等人才储备方面衡量,评分标准分为五级 |
| | | | | 企业资源支持力 | D23 | 通过企业的社会资源、资金实力、物资储备等来评估,评分标准分为无级 |
| | | 行业发展潜力 | D3 | 政府政策支持度 | D31 | 从中央到地方的产业支持政策角度进行评价,评分标准分为五级 |
| | | | | 行业发展趋势 | D32 | 主要考虑本行业与其他行业相比的发展空间和前景,评分标准分为五级 |
| | | | | 行业内竞争趋势 | D33 | 主要从行业内部同类企业同质化竞争程度来评价,评分标准分为五级 |
| 品牌塑造力 | C | 品牌策划能力 | C1 | 品牌定位精度 | C11 | 从市场定位、产品定位和价格档次定位的明确性评价,评分标准分为五级 |
| | | | | 品牌延伸广度 | C12 | 从品牌的行业内相关延伸和行业外不相关延伸两方面评价,评分标准分为五级 |
| | | | | 品牌个性塑造 | C13 | 从品牌的命名、文化内涵、理念、风格等方面进行评价,评分标准分为五级 |
| | | | | 品牌形象设计 | C14 | 从品牌名称、品牌标识、品牌包装、品牌色彩等衡量,评分标准分为五级 |
| | | 品牌运作能力 | C2 | 品牌保护能力 | C21 | 从品牌注册、专利保护等视角衡量,评分标准分为五级 |
| | | | | 品牌传播能力 | C22 | 从品牌沟通、分销状况、广告费用投入衡量,评分标准分为五级 |

续表

| 一级<br>指标 | 代码 | 二级指标 | 代码 | 三级指标 | 代码 | 释义及测评方法 |
|---|---|---|---|---|---|---|
| 品牌<br>塑造力 | C | 品牌运作<br>能力 | C2 | 品牌危机处理<br>能力 | C23 | 从企业对品牌出现危机的反应速度、处理能力的强度，评分标准分为五级 |
| | | 品牌关系<br>能力 | C3 | 品牌与政府关系 | C31 | 品牌与政府相关部门接触频次、受支持关注程度衡量，评分标准分为五级 |
| | | | | 品牌社会责任 | C32 | 从环保、公益、质量安全等投入程度衡量，评分标准分为五级 |
| | | | | 品牌与客户关系 | C33 | 从企业与客户沟通渠道、沟通方式以及沟通效果评价，评分标准分为五级 |
| 品牌<br>支持力 | S | 品牌<br>忠诚度 | S1 | 品牌溢价性 | S11 | 相比同类产品均价，愿意为A品牌多付的价格比例？涨价忠诚指数＝品牌价格上涨变动率/市场份额变动率；降价忠诚指数＝主要竞争对手降价变动率/市场份额变动率 |
| | | | | 品牌偏好性 | S12 | 在购买某类产品时，优先选择A品牌的可能性？评分标准分为五级 |
| | | | | 顾客推荐率 | S13 | 向其他人推荐该品牌的人数/品牌的总购买人数 |
| | | | | 缺货忠诚率 | S14 | 在A品牌缺货的情况下，愿意等待的可能性？评分标准分为五级 |
| | | 品牌<br>满意度 | S2 | 品牌品质满意度 | S21 | 从质量、外观、体验等要素衡量，评分标准分为五级 |
| | | | | 品牌心理满意度 | S22 | 从品牌给消费者带来身份档次提升的炫耀性程度所致心灵满足感评价，评分标准分为五级 |
| | | | | 品牌服务满意度 | S23 | 从售前、售后服务质量等衡量，评分标准分为五级 |
| | | 品牌<br>联想度 | S3 | 品牌功能联想 | S31 | 从产品的外观、产品与服务的质量、功能利益等衡量，评分标准分为五级 |
| | | | | 品牌个性联想 | S32 | 从科技、健康、时尚、服务等方面的联想认知衡量，评分标准分为五级 |
| | | | | 品牌组织联想 | S33 | 从企业形象、产品形象、品牌形象、文化形象、个人形象衡量，评分标准分为五级 |

表5-1中品牌财务表现指标和品牌市场表现指标的数据来源于上市公司年报、国家统计局、工商局、行业协会统计数据等公开数据，面板数据部分采用统计标准化方法，关于定量指标的处理步骤为：①定量类样本数据取自然对数 Q；②按行业求出样本指标平均数；③计算行业所有监测 Q 的标准差 S；④计算该企业 Q 的统计标准值 Di；⑤对统计标准值 Di 进行阈值法无量纲化处理。品牌发展力和品牌塑造力主要针对测评企业展开定性调研获得数据；品牌支持力主要针对消费者展开定性调研，通过在线调研系统获得数据。

# 第二节　企业品牌竞争力分值（CBS）计算模型

根据前文对几种多指标评价方法的比较，为了全面评估品牌竞争力指数的目的，笔者采用综合指数评价法，其本质是多指标综合评估法。多指标综合评估法涉及指标体系、指标权重、指标合成三个具体问题，根据这三个方面可以构建一个品牌竞争力分值公式，进而推导品牌竞争力指数模型。品牌竞争力分值（China Brand Competitiveness Score，CBS）与品牌竞争力指数（China Brand Competitiveness Index，CBI）既不相同又存在联系，CBS、CBI 都是多指标综合评估法的产物，CBS 是 CBI 计算的基础，CBS 是绝对值，CBI 是相对值。CBS 用量化的形式描述品牌竞争力，是各个侧面得分的合成汇总，而 CBI 是若干个 CBS 分值与理想分值的对比值，说明品牌竞争力得分的相对位置，笔者将其按百分制计算。

## 一、企业品牌竞争力指标合成方法

在 CBI 计算过程中，需要将多个指标对品牌竞争力不同方面的评价值综合在一起，最常用的方法是加权和法与乘法合成法。在一些指数运算中用到的混合合成法，其实就是加权和法与乘法合成的复合表达式，为了选择一种合适的合成方法来得到适应本书的综合指数，以下对这两种方法的基本特点和适用要求进行讨论。

（1）加权和法的重要假设是，各评价指标与整个事物评价之间是线性关系如式（5-1）所示，而乘法合成法假设各评价指标之间是乘积关系如式（5-2）所示。

$$X = \sum_1^n W_i X_i / \sum_1^n W_i \qquad (5-1)$$

$$X = (\prod_1^n x_i^{w_i})^{\frac{1}{\sum w_i}} \qquad (5-2)$$

式（5-1）和式（5-2）中：

X——被评价事物得到的综合评价值；

$W_i$——评价指标 i 的权数；

$x_i$——评价指标 i 的评价值；

n——评价指标的个数。

（2）从本质上看，加权和法就是计算各指标值的加权算术平均数，而乘法合成法就是计算各指标值的加权几何平均数。当权重相等时，加权就变为了简单的相加或相乘。

（3）在乘法合成法中一般有一个核心指标，其他指标均用于对核心指标作调整，而加权和法中指标只有重要性差异，本质上地位都是并列的，不存在核心指标。

（4）在加权和法公式中，尽管各评价指标前面有权重来反映指标对总评价值的贡献，但因为运算方式是加法，只能是算术级的增长，所以各指标值对于总评价值的贡献灵敏度不高，而乘法合成法则正好相反，指标值的变化使总评价值呈几何级增长，各指标值对于总评价值的贡献灵敏度较高。

（5）加权求和中各指标得分具有互偿性，即在某一指标上得了低分（或高分），可通过在另一指标上得高分（或低分）来补偿。因此，加权求和的方法适用于某一指标内有互偿关系的各指标之间，而乘法合成各指标间具有不可替代性。

综上所述，本书品牌竞争力评价指标合成采用加权和法。

## 二、企业品牌竞争力测评指标权重

权重是以某种数量形式对比、权衡被评价事物总体中诸要素相对重要程度的量值（邱东，1991），权重概念的本质是反映人进行判断时的价值观念和价值取向（卢泰宏，1998）。由于权重的变动会引起被评价对象各要素重要程度排序的改变，从而直接影响着综合评价的结果。因此，在多指标综合评估中，权重的确定不仅是一个基本步骤，也是举足轻重的环节。

大多数研究均是以层次分析法（AHP）为基础的主观方法来确定指标最终权重，为了规避主观法调查对象主观偏好带来的误差局限性，本书选择系统效应权重法和层次分析法主客观结合的方法来确定品牌竞争力指标权重（见附录四）。系统效应权重是根据某评价指标与被评价事物总水平的关系来制定权重的，若某指标变动引起被评价事物总水平的较大变动，则该指标的系统效应权重较大。在五个指标通过因子分析聚成 1 个因子的过程中，可以获得一个因子分值系数矩阵（Component Score Coefficient Matrix）。当中的系数表示各指标与因子值之间的相关系数，而因子值正是指标得分与这些系数的乘积之和。此特征与系统效应权重法相符，因此可以根据系数矩阵当中的数值来计算权重。这样，五个指标的权重必须在每次测量时重新计算，而不存在固定的权重[①]。

## 三、企业品牌竞争力分值计算模型

### （一）企业品牌竞争力分值（CBS）核心公式

综合以上关于指标体系的选择、权重系数的确定以及指标合成方法三部分结论，品牌竞争力分值表述为一个多指标加权和的公式（见式（5－3）），其既可以计算某一个企业的品牌竞争力得分，也可以计算一个行业的品牌竞争力平均得分，后者是前者的简单算术平均数，同时也可以运用到区域品牌竞争力总分值的计算。本书采用的是五尺度 Likert 量表，其中，每个尺度之间不存在权重差异。Babbie（1998）曾指出："除非有不得已的理由，否则应该给每个选项相同的权

---

①　周志民．品牌关系指数模型研究［D］．广东：中山大学博士学位论文，2003．

重……一般的做法就是使用相同的权重。"所以，二级三级指标的分值都应该在 1～5。代入公式中可知，CBS 分值区间也在 1～5。式（5-3）是简化公式，式（5-4）是展开公式，式（5-5）是细化公式。

$$CBS = \sum_{x=1}^{5} W_x Z_x \qquad (5-3)$$

式（5-3）中：

CBS——品牌竞争力分值；

$W_x$——第 X 个指标的权重；

$Z_z$——第 X 个指标的分值。

$$CBS = W_1 A + W_2 M + W_3 D + W_4 S + W_5 C \qquad (5-4)$$

式（5-4）中：

CBS——品牌竞争力分值；

$W_x$——第 X 个指标的权重；

A——一级指标品牌资本力表现的分值；

M——一级指标品牌市场力表现的分值；

D——一级指标品牌发展力表现的分值；

S——一级指标品牌支持力表现的分值；

C——一级指标品牌塑造力表现的分值。

$$CBS = \frac{e_1}{5 \sum_{x=1}^{5} e_x} \times \sum_{i=1}^{3} W_i A_i + \frac{e_2}{5 \sum_{x=1}^{5} e_x} \times \sum_{i=1}^{3} W_i M_i + \frac{e_3}{5 \sum_{x=1}^{5} e_x} \times \sum_{i=1}^{3} W_i D_i + \frac{e_4}{5 \sum_{x=1}^{5} e_x} \times$$

$$\sum_{i=1}^{3} W_i S_i + \frac{e_5}{5 \sum_{x=1}^{5} e_x} \times \sum_{i=1}^{3} W_i C_i \qquad (5-5)$$

式（5-5）中：

CBS——品牌竞争力分值；

$W_i$——第 X 个指标的权重；

$A_i$——品牌资本力表现二级指标 i 的分值；

$M_i$——品牌市场力表现二级指标 i 的分值；

$D_i$——品牌发展力表现二级指标 i 的分值；

$S_i$——品牌支持力表现二级指标 $i$ 的分值；

$C_i$——品牌塑造力表现二级指标 $i$ 的分值；

$i$——二级指标序号；

$e_x$——第 $x$ 个指标的因子分值系数；

$x$——指标序号，1~5；

$e_1$——指标 1（品牌资本力表现）的因子分值系数；

$e_2$——指标 2（品牌市场力表现）的因子分值系数；

$e_3$——指标 3（品牌发展力表现）的因子分值系数；

$e_4$——指标 4（品牌支持力表现）的因子分值系数；

$e_5$——指标 4（品牌塑造力表现）的因子分值系数。

（二）企业品牌竞争力一级指标分值公式

企业品牌竞争力一级指标共计 15 个，以下分别列出：

$$A = W_1A_1 + W_2A_2 + W_3A_3 = \sum_{x=1}^{3} W_xA_x \tag{5-6}$$

$$M = W_1M_1 + W_2M_2 + W_3M_3 = \sum_{x=1}^{3} W_xM_x \tag{5-7}$$

$$D = W_1D_1 + W_2D_2 + W_3D_3 = \sum_{x=1}^{3} W_xD_x \tag{5-8}$$

$$S = W_1S_1 + W_2S_2 + W_3S_3 = \sum_{x=1}^{3} W_xS_X \tag{5-9}$$

$$C = W_1C_1 + W_2C_2 + W_3C_3 = \sum_{x=1}^{3} W_xC_x \tag{5-10}$$

（三）企业品牌竞争力二级指标分值公式

企业品牌竞争力二级指标共计 15 个，以下分别列出：

1. 品牌资本力二级指标分值公式

$$A_1 = W_1A_{11} + W_2A_{12} + W_3A_{13} = \sum_{x=1}^{3} W_xA_{1x} \tag{5-11}$$

$$A_2 = W_1A_{21} + W_2A_{22} = \sum_{x=1}^{2} W_xA_{2x} \tag{5-12}$$

$$A_3 = W_1A_{31} + W_2A_{32} = \sum_{x=1}^{2} W_xA_{3x} \tag{5-13}$$

2. 品牌市场力二级指标分值公式

$$M_1 = W_1 M_{11} + W_2 M_{12} + W_3 M_{13} = \sum_{x=1}^{3} W_x M_1 x \qquad (5-14)$$

$$M_2 = W_1 M_{21} + W_2 M_{22} = \sum_{x=1}^{2} W_x M_{2x} \qquad (5-15)$$

$$M_3 = W_1 M_{31} + W_2 M_{32} + W_3 M_{33} = \sum_{x=1}^{3} W_x M_{3x} \qquad (5-16)$$

3. 品牌发展力二级指标分值公式

$$D_1 = W_1 D_{11} + W_2 D_{12} + W_3 D_{13} = \sum_{x=1}^{3} W_x D_{1x} \qquad (5-17)$$

$$D_2 = W_1 D_{21} + W_2 D_{22} + W_3 D_{23} = \sum_{x=1}^{3} W_x D_{2x} \qquad (5-18)$$

$$D_3 = W_1 D_{31} + W_2 D_{32} + W_3 D_{33} = \sum_{x=1}^{3} W_x D_{3x} \qquad (5-19)$$

4. 品牌支持力二级指标分值公式

$$S_1 = W_1 S_{11} + W_2 S_{12} + W_3 S_{13} + W_4 S_{13} = \sum_{x=1}^{3} W_x S_{1x} \qquad (5-20)$$

$$S_2 = W_1 S_{21} + W_2 S_{22} + W_3 S_{23} = \sum_{x=1}^{3} W_x S_{2x} \qquad (5-21)$$

$$S_3 = W_1 S_{31} + W_2 S_{32} + W_3 S_{33} = \sum_{x=1}^{3} W_x S_{3x} \qquad (5-22)$$

5. 品牌塑造力二级指标分值公式

$$C_1 = W_1 C_{11} + W_2 C_{12} + W_3 C_{13} + W_4 C_{13} = \sum_{x=1}^{4} W_x C_{1x} \qquad (5-23)$$

$$C_2 = W_1 C_{21} + W_2 C_{22} + W_3 C_{23} = \sum_{x=1}^{3} W_x C_{2x} \qquad (5-24)$$

$$C_3 = W_1 C_{31} + W_2 C_{32} + W_3 C_{33} = \sum_{x=1}^{3} W_x C_{3x} \qquad (5-25)$$

## 四、企业品牌竞争力指数的标准化方法

企业品牌竞争力评价指标分为定性和定量两种，由于指标计量单位又不尽相同，因此指标标准化为本书必要环节之一。针对定性指标本书采用阈值标准化方

法，借用了功效系数法的思想设计定性指标，其标准化公式为：

$$k_i = \frac{x_i - minx_i}{maxx_i - minx_i} \qquad (5-26)$$

式（5-26）中：$k_i$ 表示品牌竞争力某项指标 $x_i$ 标准化值，$k_i \varepsilon \in [0, 1]$；$minx_i$ 表示某品牌竞争力评价指标的最小值；$maxx_i$ 表示某品牌竞争力评价指标的最大值。

关于品牌竞争力定量部分基础数据标准化处理按步骤进行，如表 5-2 所示。

表 5-2　定量类指标标准化方法

| 序号 | 步骤 | 处理方法 | |
|---|---|---|---|
| 1 | 定量类样本数据取自然对数为 Q | E 处理 | |
| 2 | 按行业求出样本平均数指标 $\overline{Q}$ | $\overline{Q} = \dfrac{\sum\limits_{t=1}^{N} Q_t}{N}$ | (5-27) |
| 3 | 计算行业所有监测 Q 的标准差 S | $S = \sqrt{\dfrac{\sum\limits_{t=1}^{N}(Q_t - \overline{Q})^2}{N}}$ | (5-28) |
| 4 | 计算该企业 Q 的统计标准值 $D_i$ | $D_i = (Q_i - \overline{Q})/S$ | (5-29) |
| 5 | 对统计标准值 $D_i$ 进行阈值法无量纲化处理 | $Z_i = \dfrac{D_i - minD_i}{maxD_i - minD_i}4 + 1$ | |

对统计标准值进行阈值法无量纲化处理，由于本书采用李克特五级量表测度，因此各指标得分值域在 1~5，其计算公式为：

$$Z_i = \frac{D_i - minD_i}{maxD_i - minD_i}4 + 1 \qquad (5-30)$$

品牌竞争力指数标准化整个数据处理步骤可以用流程图表示（见图 5-2）。

由于本书要对消费品不同子行业计算出各指标的标准值，对指标原始数据进行标准化处理是在行业内部进行的，而标准化后的数值是在不同行业之间进行比较的，因此将所有企业的品牌竞争力标准值直接进行排序是具有科学比较意义的。

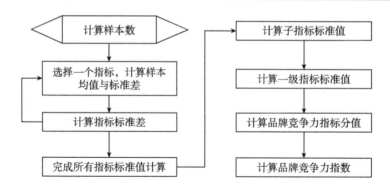

图 5 - 2　面板数据处理流程

# 第三节　企业品牌竞争力指数（CBI）计算模型

## 一、CBS 与 CBI 的逻辑关系

企业品牌竞争力分值（CBS）以绝对值的表现形式只能综合地反映企业品牌竞争力在某一时点上的状态，若要采用相对值的形式反映相对竞争状况的具体方法是将品牌竞争力的实际分值与理想分值进行对比，再乘以 100 进行调整，这样就形成了一个品牌竞争力指数模型。

## 二、企业品牌竞争力指数（CBI）计算模型

根据前文的理论基础与方法选择，本书将所选择的有代表性的若干个指标综合成一个指数，从而对品牌竞争力发展的状况作出综合的评判。设所选择的 N 个指标为 $X_1$，$X_2$，$\cdots$，$X_N$，转换后的各指标值为 $Z_1$，$Z_2$，$\cdots$，$Z_N$，对各项指标赋予的权数分别为 $W_1$，$W_2$，$\cdots$，$W_N$，综合评价指数（I）的一般形式可以写为：

$$I = \frac{\sum\limits_{i=1}^{N} Z_i W_i}{\sum\limits_{i=1}^{N} W_i} \tag{5-31}$$

其中：$0 \leqslant W_i \leqslant 1$，$\sum\limits_{i=1}^{n} W_i = 1$

结合极值标准化方法得出品牌竞争力指数模型的核心公式为：

$$CBI = \frac{CBS - CBS_{min}}{CBS_{max} - CBS_{min}} \times 100 \qquad (5-32)$$

式（5-32）中：

CBI——品牌竞争力指数；

CBS——品牌竞争力分值；

$CBS_{min}$——品牌竞争力最小分值；

$CBS_{max}$——品牌竞争力最大分值。

将品牌竞争力指数核心公式展开为：

$$CBI = \frac{W_1 CBS_A + W_2 CBS_M + W_3 CBS_D + W_4 CBS_S + W_5 CBS_C - CBS_{min}}{CBS_{max} - CBS_{min}} \times 100$$

$$(5-33)$$

品牌竞争力指数简化计算公式为：

$$CBI = \frac{W_1 CBS_A + W_2 CBS_M + W_3 CBS_D + W_4 CBS_S + W_5 CBS_C - 1}{5 - 1} \times 100 \qquad (5-34)$$

式（5-33）和式（5-34）中：

CBI——企业品牌竞争力指数；

$CBS_A$——一级指标品牌资本力表现的总分值；

$CBS_M$——一级指标品牌市场力表现的总分值；

$CBS_D$——一级指标品牌发展力表现的总分值；

$CBI_S$——一级指标品牌塑造力表现的总分值；

$CBI_C$——一级指标品牌支持力表现的总分值；

$CBS_{min}$——品牌竞争力最小分值；

$CBS_{max}$——品牌竞争力最大分值；

1——品牌竞争力最小分值（绝对值）；

5——品牌竞争力最大分值（绝对值）；

$W_x$——第 X 个指标的权重。

品牌竞争力指数简化计算展开公式为：

$$CBI = \dfrac{\begin{array}{c} \dfrac{\frac{e_1}{5}}{\sum\limits_{x=1} e_x} \times \sum\limits_{i=1}^{3} W_i A_i + \dfrac{\frac{e_2}{5}}{\sum\limits_{x=1} e_x} \times \sum\limits_{i=1}^{3} W_i M_i + \dfrac{\frac{e_3}{5}}{\sum\limits_{x=1} e_x} \times \sum\limits_{i=1}^{3} W_i D_i + \\[3em] \dfrac{\frac{e_4}{5}}{\sum\limits_{x=1} e_x} \times \sum\limits_{i=1}^{3} W_i S_i + \dfrac{\frac{e_5}{5}}{\sum\limits_{x=1} e_x} \times \sum\limits_{i=1}^{3} W_i C_i - 1 \end{array}}{5 - 1} \times 100$$

$$(5-35)$$

式（5-35）中：

CBI——企业品牌竞争力指数；

$W_i$——第 X 个指标的权重；

$A_i$——品牌资本力表现二级指标 i 的指数；

$M_i$——品牌市场力表现二级指标 i 的指数；

$D_i$——品牌发展力表现二级指标 i 的指数；

$S_i$——品牌支持力表现二级指标 i 的指数；

$C_i$——品牌塑造力表现二级指标 i 的指数；

i——二级指标序号；

$e_x$——第 x 个指标的因子分值系数；

x——指标序号，1～5；

$e_1$——指标 1（品牌资本力表现）的因子分值系数；

$e_2$——指标 2（品牌市场力表现）的因子分值系数；

$e_3$——指标 3（品牌发展力表现）的因子分值系数；

$e_4$——指标 4（品牌支持力表现）的因子分值系数；

$e_5$——指标 4（品牌塑造力表现）的因子分值系数。

### 三、企业品牌竞争力分指标指数（CBI－Z）模型

根据前文关于品牌竞争力指数计算的逻辑思路，本书在企业品牌竞争力指数（CBI）基础上提出企业品牌竞争力分指标指数（简称 CBI－Z），可以应用于反

映不同行业、不同区域内的企业不同维度竞争指标的相对优势，也可以针对单个企业展开诊断咨询的作用，式（5 - 36）为分指标总公式，式（5 - 37）至式（5 - 41）分别为本课题五个一级指标的指数计算公式。

$$\mathrm{CBI_Z} = \frac{Z_x - Z_{min}}{Z_{max} - Z_{min}} \times 100 \qquad (5-36)$$

式（5 - 36）中：

$\mathrm{CBI_z}$——品牌竞争力分指标指数；

$Z_x$——品牌竞争力某分指标分值；

$Z_{max}$——品牌竞争力某分指标最大分值；

$Z_{min}$——品牌竞争力某分指标最小分值。

1. 品牌资本力分指标指数计算公式

$$\mathrm{CBI_A} = \frac{\dfrac{e_1}{3} \times \sum\limits_{x=1}^{3} W_x A_{1x}}{\sum\limits_{x=1}^{3} e_x} + \dfrac{\dfrac{e_2}{3} \times \sum\limits_{x=1}^{2} W_x A_{2x}}{\sum\limits_{x=1}^{3} e_x} + \dfrac{\dfrac{e_3}{3} \times \sum\limits_{x=1}^{2} W_x A_{3x} - 1}{\sum\limits_{x=1}^{3} e_x}}{5 - 1} \times 100$$

$$(5-37)$$

2. 品牌市场力分指标指数计算公式

$$\mathrm{CBI_M} = \frac{\dfrac{e_1}{3} \times \sum\limits_{x=1}^{3} W_x M_{1x}}{\sum\limits_{x=1}^{3} e_x} + \dfrac{\dfrac{e_2}{3} \times \sum\limits_{x=1}^{2} W_x M_{2x}}{\sum\limits_{x=1}^{3} e_x} + \dfrac{\dfrac{e_3}{3} \times \sum\limits_{x=1}^{3} W_x M - 1}{\sum\limits_{x=1}^{3} e_x}}{5 - 1} \times 100$$

$$(5-38)$$

3. 品牌发展力分指标指数计算公式

$$\mathrm{CBI_D} = \frac{\dfrac{e_1}{3} \times \sum\limits_{x=1}^{3} W_x D_{1x}}{\sum\limits_{x=1}^{3} e_x} + \dfrac{\dfrac{e_2}{3} \times \sum\limits_{x=1}^{3} W_x D_{2x}}{\sum\limits_{x=1}^{3} e_x} + \dfrac{\dfrac{e_3}{3} \times \sum\limits_{x=1}^{3} W_x D_{3x} - 1}{\sum\limits_{x=1}^{3} e_x}}{5 - 1} \times 100$$

$$(5-39)$$

4. 品牌支持力分指标指数计算公式

$$CBI_S = \frac{\dfrac{e_1}{3} \times \displaystyle\sum_{x=1}^{4} W_x S_{1x} + \dfrac{e_2}{3} \times \displaystyle\sum_{x=1}^{3} W_x S_{2x} + \dfrac{e_3}{3} \times \displaystyle\sum_{x=1}^{3} W_x S_{3x} - 1}{5 - 1} \times 100$$

$$\frac{e_1}{3} \to \sum_{x=1}^{?} e_x \qquad (5-40)$$

5. 品牌塑造力分指标指数计算公式

$$CBI_C = \frac{\dfrac{e_1}{3} \times \displaystyle\sum_{x=1}^{4} W_x C_{1x} + \dfrac{e_2}{3} \times \displaystyle\sum_{x=1}^{3} W_x C_{2x} + \dfrac{e_3}{3} \times \displaystyle\sum_{x=1}^{3} W_x C_{3x} - 1}{5 - 1} \times 100$$

$$\qquad (5-41)$$

# 本章小结

本章首先在结构方程模型验证和路径分析的基础上构建企业品牌竞争"五力测评"理论模型，为本书的评价体系奠定理论基础，并基于正式量表构建企业品牌竞争力指数评价指标体系，对于每个指标的释义和计算方法进行诠释。其次，利用功效系数法确定各层级指标的权重，采用加权指标合成的原理，对定量和定性指标进行标准化处理。最后，本章构建了品牌竞争力各层级指标的分值（CBS）计算模型，基于绝对值分值计算模型本书最终构建了企业品牌竞争力指数评价计算模型。

# 第六章　实证分析：中国消费品类上市企业品牌竞争力评价

## 第一节　样本选择及数据来源

### 一、样本选择

根据国家统计局现行的《国民经济行业分类》和《上市公司行业分类指引》，本书选取 50 家消费品类产业上市公司为企业品牌竞争力指数评价的对象。根据品牌竞争力测评指标体系的内涵和特性，本书选择财务指标、市场指标、消费者指标和品牌发展、品牌塑造力指标，调查企业选择具体标准如下：

（1）此次指数评价的目的主要是为了能够为中国自主品牌发展提供一定的借鉴和发展的动力，品牌应该是中国大陆企业原创的，所以本次数据选择的范围主要是中国的自主企业品牌。

（2）被评估的品牌业务主要是面向个人消费者市场认知的品牌，如联想、海尔、娃哈哈等。指标编写的对象企业旗下有一个以上的产品品牌能够在一定的区域内为主流消费者所熟知，这样才能更好地反映企业品牌的整体实力和形象。

（3）入选的企业在行业内的销售额排名必须要达到前 20 名，这样能够抓住中国品牌界具有代表性的企业，并对其进行整体有代表性的研究。

（4）入选企业具有充足的经第三方严格审计公布的 2008~2010 年年度财务报告中的会计信息和财务数据。

根据以上标准，本书选取服装、家电、酒、食品饮料和医药等和消费者日常生活息息相关的行业为研究对象，具体情况如表 6-1 所示。

表 6-1　消费品类上市公司实证样本分类

| 消费类行业名称 | 上市公司总数 | 实证样本 |
|---|---|---|
| 服装 | 44 | 10 |
| 家电 | 35 | 10 |
| 酒 | 28 | 10 |
| 食品饮料 | 72 | 10 |
| 医药 | 172 | 10 |
| 总计 | 351 | 50 |

**二、数据来源**

（一）数据收集范围

基础数据的收集包括两大块：其一是指数测算数据，指数测算数据为品牌企业硬性的财务指标指数测算数据且必须是唯一准确的；其二是指数分析数据，指数分析数据是消费者和媒体对于该品牌的评价和专家学者对该品牌的评价等方面的测评数据，指数分析数据视调查的情况进行加权汇总，对总体结果进行一定程度的修正。在数据收集过程中，要及时对调查资料进行整理，建立中国企业品牌竞争力指数基础样本数据库，收集的数据包括以下三类：

（1）财务数据。企业整体的财务情况，如资产总额、销售收入、净资产收益率等反映企业总体经营状况好坏的指标。主打品牌的财务指标，如主打品牌创造的税后净利润、主打品牌创造的毛利润等。

（2）为品牌宣传和维护投入的力量。企业品牌保护的投入，企业在维护品牌的社会责任过程中投入的数量，在品牌管理方面的投入。

（3）社会对企业品牌的认可程度。这包括社会公众，主要是社会主流的消费者对于企业品牌的认可程度；各个媒体对于品牌的认可程度；专家、学者、教授等研究群体对于品牌的认可程度。

（二）数据主要来源

1. 企业调研

中国市场学会在全国各地都有自己的分支机构，各地分会的会员组织涵盖了当地主流的大型知名企业，而且各地学会的主管领导基本上都是当地有一定影响力的或者是政府部门的领导，他们对当地数据的收集有很强的执行能力。品牌管理专业委员会制定了《中国企业品牌竞争力指数（CBI）调查表》，由各地的分支机构对本地区的会员单位进行责任汇总，然后把数据汇总到品牌管理委员会进行统一的分析和处理。

2. 消费者调研

通过专门的网站来收集数据，展开消费者调研，参评的企业负责部分消费者调研数据收集。

3. 面板数据收集

一方面来源于深市、沪市、港市、纳斯达克上市公司年报等公开数据，另一方面来源于有关政府部门（统计局、中信委等）掌握的企业品牌管理方面的数据。

（三）数据的基本要求

1. 真实准确

对收集上来的数据进行随机抽样检查，对那些明显不符合实际情况的数据或问题重大的数据，笔者根据情况会考虑删除。

2. 保密原则

企业在填报数据时可能会有一些现实方面的顾虑，为了能够得到企业的积极配合，本书郑重承诺，收集上来的数据仅作为指数制定之用，不会对另外的机构泄露，充分保证企业的权益。

3. 币种采用人民币计算

外币币种一律按调查期间汇率折算，并注明折算比率。

<h1 style="text-align:center">第二节 数据分析</h1>

调查所得的原始数据需要按数据的基本要求和分析的实际需要进行必要的处理：①对残缺数据的处理，对个别由于各方面原因实在无法取得的数据进行相应的补充。笔者会根据同规模、同类型企业的情况进行相应的推测，有条件的地区对企业直接进行调查，根据企业公开的数据进行推测。②对原始数据进行规范，在《中国企业品牌竞争力指数（CBI）调查表》填写过程中，对于选项理解有差异造成的填写不规范、数字的计量方式不统一等都是笔者在后期数据处理过程中所要重点考虑的问题，在规范过程中特别注意调整要有准确的数据依据。③对异常数据进行检验，对于数据真实有效性进行专门的审查，对于明显不符合的数据会进行重点的调查和改正工作，调查清楚问题产生的源头，确保类似的事情不会再次发生。

### 一、样本数据的描述性统计分析

运用 SPSS19.0 对样本数据中各个指标变量值的分布特征进行描述性统计分析，指标初步统计分析结果如表 6 -2 所示。

表 6 -2 正式测评指标值的统计描述

| 指标名称 | 数量 | 最小值 | 最大值 | 平均值 | 标准差 | 方差 | 偏差 |
|---|---|---|---|---|---|---|---|
| 营业收入 | 50 | 2.70 | 5.00 | 4.2128 | 0.68518 | 0.469 | -0.821 |
| 所有者权益 | 50 | 2.89 | 5.00 | 4.5236 | 0.62531 | 0.391 | -1.393 |
| 净利润 | 50 | 3.29 | 5.00 | 4.7238 | 0.37168 | 0.138 | -2.320 |
| 近三年平均营业收入增长率 | 50 | 3.71 | 5.00 | 4.2764 | 0.33289 | 0.111 | 0.041 |
| 近三年平均净利润增长率 | 50 | 1.33 | 5.00 | 4.0938 | 0.75555 | 0.571 | -2.226 |
| 资产报酬率 | 50 | 3.72 | 5.00 | 4.4520 | 0.35146 | 0.124 | -0.536 |
| 总资产贡献率 | 50 | 2.45 | 5.00 | 4.3068 | 0.69719 | 0.486 | -1.385 |
| 市场占有率 | 50 | 3.14 | 5.00 | 4.5790 | 0.42674 | 0.182 | -1.460 |

续表

| 指标名称 | 数量 | 最小值 | 最大值 | 平均值 | 标准差 | 方差 | 偏差 |
|---|---|---|---|---|---|---|---|
| 市场覆盖率 | 50 | 3.22 | 5.00 | 4.6066 | 0.41380 | 0.171 | −1.547 |
| 市场渗透率 | 50 | 3.18 | 5.00 | 4.6228 | 0.38624 | 0.149 | −1.501 |
| 品牌溢价率 | 50 | 3.41 | 5.00 | 4.5808 | 0.40531 | 0.164 | −1.094 |
| 品牌资产报酬率 | 50 | 1.94 | 5.00 | 4.0074 | 0.72964 | 0.532 | −1.439 |
| 品牌销售收入增长率 | 50 | 3.50 | 4.50 | 4.0588 | 0.21804 | 0.048 | −0.123 |
| 品牌销售利润增长率 | 50 | 3.53 | 4.55 | 4.0214 | 0.22612 | 0.051 | −0.146 |
| 品牌成长指数 | 50 | 2.51 | 4.84 | 3.2068 | 0.59884 | 0.359 | 1.055 |
| 品牌质量合格率 | 50 | 3.93 | 5.00 | 4.6574 | 0.26987 | 0.073 | −0.799 |
| 新产品开发速度 | 50 | 2.82 | 4.54 | 4.5482 | 0.48235 | 0.233 | −1.488 |
| 研发费用占销售收入的比重 | 50 | 3.50 | 5.00 | 4.5066 | 0.38287 | 0.147 | −0.821 |
| 企业技术支持力 | 50 | 3.27 | 4.90 | 4.4134 | 0.38471 | 0.148 | −0.993 |
| 企业人才支持力 | 50 | 3.08 | 4.48 | 3.9326 | 0.30809 | 0.095 | −0.667 |
| 企业资源支持力 | 50 | 3.00 | 4.89 | 3.9108 | 0.46015 | 0.212 | 0.256 |
| 政府政策支持度 | 50 | 2.00 | 4.50 | 3.4400 | 0.49446 | 0.244 | 0.251 |
| 行业发展趋势 | 50 | 2.50 | 3.90 | 3.2800 | 0.52450 | 0.275 | −0.174 |
| 行业内竞争趋势 | 50 | 3.00 | 4.00 | 3.4200 | 0.38545 | 0.149 | 0.198 |
| 品牌定位精度 | 50 | 3.11 | 4.77 | 3.8206 | 0.37149 | 0.138 | 0.445 |
| 品牌延伸广度 | 50 | 3.07 | 4.47 | 3.8100 | 0.31352 | 0.098 | 0.084 |
| 品牌个性塑造 | 50 | 3.63 | 4.98 | 4.3994 | 0.39706 | 0.158 | −0.213 |
| 品牌形象设计 | 50 | 3.44 | 4.76 | 4.2258 | 0.29756 | 0.089 | −0.329 |
| 品牌保护能力 | 50 | 3.41 | 4.51 | 3.9444 | 0.29107 | 0.085 | −0.048 |
| 品牌传播效率 | 50 | 4.00 | 4.99 | 4.6468 | 0.27723 | 0.077 | −0.926 |
| 品牌危机处理能力 | 50 | 3.31 | 4.34 | 3.7608 | 0.29167 | 0.085 | 0.176 |
| 品牌与政府关系 | 50 | 3.52 | 4.45 | 3.9056 | 0.24518 | 0.060 | 0.361 |
| 品牌社会责任 | 50 | 3.25 | 4.90 | 4.3580 | 0.38493 | 0.148 | −0.710 |
| 品牌与客户关系 | 50 | 3.99 | 5.17 | 4.6982 | 0.33169 | 0.110 | −0.460 |
| 品牌溢价性 | 50 | 3.24 | 4.30 | 3.9110 | 0.23842 | 0.057 | −0.482 |
| 品牌偏好性 | 50 | 3.57 | 4.80 | 4.2840 | 0.29690 | 0.088 | −0.390 |
| 顾客推荐率 | 50 | 3.40 | 4.86 | 4.2476 | 0.42336 | 0.179 | −0.248 |
| 缺货忠诚率 | 50 | 2.39 | 4.91 | 3.8110 | 0.74441 | 0.554 | −0.319 |
| 品牌品质满意度 | 50 | 3.38 | 4.91 | 4.2664 | 0.42100 | 0.177 | −0.060 |
| 品牌心理满意度 | 50 | 3.52 | 4.73 | 4.1938 | 0.29374 | 0.086 | −0.342 |
| 品牌服务满意度 | 50 | 3.37 | 4.89 | 4.2022 | 0.37944 | 0.144 | −0.188 |

续表

| 指标名称 | 数量 | 最小值 | 最大值 | 平均值 | 标准差 | 方差 | 偏差 |
|---|---|---|---|---|---|---|---|
| 品牌功能联想 | 50 | 3.45 | 4.57 | 4.0726 | 0.27102 | 0.073 | -0.257 |
| 品牌个性联想 | 50 | 3.44 | 4.52 | 4.0592 | 0.27056 | 0.073 | -0.464 |
| 品牌组织联想 | 50 | 3.51 | 4.42 | 3.9458 | 0.25367 | 0.064 | 0.018 |
| Valid N (listwise) | 50 | | | | | | |

## 二、样本数据的信度分析

运用 SPSS19.0 对数据执行可靠性分析，$F = 55.921$，$p = 0.0000$，Cronbach's α 标准值为 0.947，这说明评价样本的指标值数据信度非常好[①]，可以采用这一部分数据对这一行业上市公司企业品牌竞争力进行评价和分析。

## 三、样本数据的效度分析

效度分析首先运用 SPSS19.0 对样本数据执行主成分因素分析，选择 KMO 和 Bartlett 球形检验选项进行结构效度分析，得到样本指标值数据的 KMO 值和巴特莱特值的显著性 p 值，如表 6-3 所示。样本指标数据的 KMO 值为 0.827，Bartlett 值显著性 p 值 0.000 < 0.01，说明样本数据的效度较好[②]。

表 6-3 样本 KMO 和 Bartlett 球形检验结果

| KMO 样本试配性 | | 0.827 |
|---|---|---|
| Bartlett 球形测试 | Approx. Chi-Square | 6165.738 |
| | df | 946 |
| | Sig. | 0.000 |

---

① Cronbach's α 系数在 0.80 以上表示内部一致性极好，0.6 ~ 0.8 表示内部一致性较好，低于 0.60 时应对指标进行修正。

② 通常认为如果 KMO 值 > 0.8、Bartlet 球形检验 t 的显著性 p 值 < 0.01，则说明数据效度很好，十分适合因素分析；如果 KMO 值 > 0.7、Bartlett 球形检验的显著性 p 值 < 0.01，则说明数据效度较好，比较适合因素分析；如果 KMO 值 > 0.6、Bartlett 球形检验的显著性 p 值 < 0.01，则说明数据效度一般，基本适合因素分析。

# 第三节 实证分析

## 一、企业品牌竞争力分值实证分析

### （一）指标层（三级）指标分值的计算

根据计算得到评价上市公司的 50 家消费品类上市公司品牌竞争力基础指数，再按照三维企业品牌竞争力的指标层指数计算方法得到各个层级的指数，对评价上市公司的品牌竞争力状况进行分析和比较。计算得到服装、家电、酒、食品饮料、医药五个行业上市公司的品牌竞争力 44 个指标层指标分值，由于篇幅关系，这里仅列出指标得分均值排在前十名的十个企业数据（见表 6 - 4）。

表 6 - 4 三级指标分值均值排在前十名的十大企业

| 企业＼指标 | 净资产 | 净利润 | 市场占有率 | 品牌溢价率 | 品牌质量合格率 | 新产品开发速度 | 研发费用比重 | 品牌个性塑造 | 品牌传播效率 | 品牌与客户关系 |
|---|---|---|---|---|---|---|---|---|---|---|
| 同仁堂 | 4.91 | 4.87 | 4.94 | 4.96 | 4.98 | 4.98 | 4.66 | 4.66 | 4.61 | 4.88 |
| 青岛海尔 | 4.94 | 4.96 | 5.00 | 5.00 | 5.00 | 5.00 | 4.67 | 4.93 | 4.72 | 4.47 |
| 哈药股份 | 4.95 | 4.95 | 4.84 | 4.89 | 4.98 | 4.89 | 4.51 | 4.90 | 4.71 | 4.88 |
| 五粮液 | 4.99 | 4.98 | 5.00 | 4.79 | 4.97 | 4.64 | 4.80 | 4.52 | 4.83 | 4.88 |
| 格力电器 | 4.98 | 5.00 | 4.85 | 4.82 | 4.84 | 4.88 | 4.37 | 4.90 | 4.43 | 4.27 |
| 贵州茅台 | 5.00 | 5.00 | 5.00 | 5.00 | 5.00 | 3.85 | 4.51 | 4.29 | 4.87 | 4.91 |
| 云南白药 | 4.91 | 4.93 | 4.94 | 4.94 | 4.70 | 4.98 | 4.90 | 4.77 | 4.83 | 4.43 |
| 上海医药 | 5.00 | 5.00 | 4.79 | 4.83 | 5.00 | 4.84 | 4.51 | 4.65 | 4.56 | 4.91 |
| 三精制药 | 4.82 | 4.83 | 4.97 | 4.97 | 4.76 | 5.00 | 4.90 | 4.90 | 4.70 | 4.53 |
| 中粮控股 | 5.00 | 4.93 | 5.00 | 4.98 | 4.65 | 5.00 | 4.84 | 4.88 | 4.66 | 4.51 |

### （二）准则层（二级）指标分值的计算

根据计算得到评价上市公司的 50 家消费品类上市公司品牌竞争力指标层分

值，以此为基础按照准则层计算公式进行分值计算，得到服装、家电、酒、食品饮料、医药五个行业上市公司的品牌竞争力 15 个准则层指标分值，由于篇幅关系，这里仅列出各准则层指标得分均值排在前十名的企业数据（见表 6 - 5）。

表 6 - 5　二级指标分值均值排在前十名的十大企业

| 指标<br>企业 | 规模<br>要素 | 增长<br>因素 | 效率<br>因素 | 市场占<br>有能力 | 超值获<br>利能力 | 技术<br>创新力 | 企业综<br>合能力 | 品牌运<br>作能力 | 品牌关<br>系能力 | 品牌<br>满意度 |
|---|---|---|---|---|---|---|---|---|---|---|
| 同仁堂 | 4.60 | 3.85 | 4.51 | 4.95 | 4.77 | 4.98 | 4.72 | 4.43 | 4.56 | 4.74 |
| 青岛海尔 | 4.96 | 4.61 | 4.66 | 5.00 | 4.63 | 5.00 | 4.74 | 4.59 | 4.54 | 4.45 |
| 格力电器 | 4.98 | 4.52 | 4.58 | 4.86 | 4.61 | 4.86 | 4.63 | 4.53 | 4.37 | 4.34 |
| 五粮液 | 4.92 | 4.75 | 4.81 | 5.00 | 4.39 | 4.80 | 4.38 | 4.28 | 4.49 | 4.75 |
| 贵州茅台 | 4.85 | 4.57 | 4.88 | 5.00 | 5.00 | 4.43 | 4.27 | 4.16 | 4.51 | 4.75 |
| 哈药股份 | 4.77 | 3.93 | 4.61 | 4.85 | 4.70 | 4.93 | 4.60 | 4.45 | 4.52 | 4.70 |
| 云南白药 | 4.73 | 4.07 | 4.67 | 4.95 | 4.74 | 4.84 | 4.43 | 4.25 | 4.52 | 4.36 |
| 上海医药 | 4.93 | 4.31 | 4.54 | 4.65 | 4.65 | 4.92 | 4.45 | 4.35 | 4.40 | 4.70 |
| 美的电器 | 5.00 | 4.55 | 4.64 | 4.94 | 4.61 | 4.93 | 4.50 | 4.48 | 4.37 | 4.38 |
| 中粮控股 | 4.98 | 4.06 | 4.22 | 5.00 | 4.91 | 4.83 | 4.51 | 4.35 | 4.45 | 4.43 |

（三）目标层（一级）指标分值的计算

根据计算得到评价上市公司的 50 家消费品类上市公司品牌竞争力准则层指标分值，以此为基础按照目标层计算公式进行分值计算，得到服装、家电、酒、食品饮料、医药五个行业上市公司的品牌竞争力五个目标层指标分值，各目标层指标得分均值排名情况如表 6 - 6 所示。

表 6 - 6　一级指标分值均值排在前十名的十大企业

| 指标<br>企业 | 品牌资本力 | 品牌市场力 | 品牌发展力 | 品牌支持力 | 品牌塑造力 |
|---|---|---|---|---|---|
| 海尔电器 | 4.8492 | 4.9995 | 4.9455 | 4.7372 | 4.8527 |
| 蒙牛乳业 | 4.9147 | 4.9285 | 4.9285 | 4.9995 | 4.9995 |
| 同仁堂 | 4.9304 | 4.7725 | 4.7725 | 4.9374 | 4.7725 |
| 雅戈尔 | 4.8527 | 4.7298 | 4.9687 | 4.7649 | 4.8939 |

续表

| 指标<br>企业 | 品牌资本力 | 品牌市场力 | 品牌发展力 | 品牌支持力 | 品牌塑造力 |
|---|---|---|---|---|---|
| 娃哈哈 | 4.9796 | 4.6002 | 4.9455 | 4.7372 | 4.8527 |
| 五粮液 | 4.7725 | 4.7936 | 4.9455 | 4.7372 | 4.8527 |
| 东风汽车 | 4.7298 | 4.7810 | 4.9304 | 4.7725 | 4.7725 |
| 雨润食品 | 4.6002 | 4.9796 | 4.9147 | 4.6002 | 4.6240 |
| 百盛集团 | 4.5523 | 4.6903 | 4.9455 | 4.7372 | 4.8527 |
| 伊利集团 | 4.5360 | 4.6867 | 4.7555 | 4.7372 | 4.8527 |

（四）企业品牌竞争力分值（CBS）的计算

根据计算得到评价上市公司的 50 家消费品类上市公司品牌竞争力目标层指标分值，以此为基础按照 CBS 计算公式进行企业品牌竞争力分值计算，得到服装、家电、酒、食品饮料、医药五个行业上市企业品牌竞争力分值，前十名情况如表 6-7 所示。

表 6-7　企业竞争力分值均值排在前十名的十大企业

| 企业 | CBS | 品牌资本力 | 品牌市场力 | 品牌发展力 | 品牌塑造力 | 品牌支持力 |
|---|---|---|---|---|---|---|
| 五粮液 | 4.57 | 4.84 | 4.52 | 4.39 | 4.35 | 4.57 |
| 青岛海尔 | 4.56 | 4.76 | 4.74 | 4.61 | 4.29 | 4.33 |
| 贵州茅台 | 4.55 | 4.77 | 4.72 | 4.25 | 4.29 | 4.54 |
| 格力电器 | 4.55 | 4.72 | 4.72 | 4.49 | 4.46 | 4.20 |
| 同仁堂 | 4.54 | 4.35 | 4.66 | 4.71 | 4.55 | 4.61 |
| 云南白药 | 4.50 | 4.51 | 4.60 | 4.54 | 4.49 | 4.33 |
| 哈药股份 | 4.49 | 4.47 | 4.60 | 4.53 | 4.38 | 4.54 |
| 美的电器 | 4.49 | 4.75 | 4.69 | 4.38 | 4.22 | 4.23 |
| 上海医药 | 4.48 | 4.63 | 4.56 | 4.48 | 4.22 | 4.53 |
| 洋河股份 | 4.47 | 4.74 | 4.58 | 3.97 | 4.23 | 4.54 |

## 二、品牌竞争力基础指数实证分析

企业品牌竞争力分值（CBS）综合地反映了企业品牌竞争力在某一时点上的

状态，采用的是静态的绝对值表现形式，其局限性无法简洁地反映出相对竞争状况。为此，笔者将品牌竞争力的实际分值与理想分值进行对比，再乘以 100 进行调整，这样就形成了一个品牌竞争力指数模型，根据以上的 CBS 数据计算在一定程度上已经反映了消费品类企业的品牌竞争情况，结合综合指数计算模型，笔者得出了 50 家消费品类上市企业的品牌竞争力指数（CBI）排名，具体如表 6－8 所示。

表 6－8　2011 年度中国消费品类上市公司 CBI 排行榜前 15 名

| 排名 | 企业简称 | 相对值 | 绝对值形式（5 分制） | | | | |
| --- | --- | --- | --- | --- | --- | --- | --- |
| | | CBI | 资本力 | 市场力 | 发展力 | 支持力 | 塑造力 |
| 1 | 五粮液 | 100.00 | 4.58 | 4.84 | 4.52 | 4.39 | 4.35 |
| 2 | 青岛海尔 | 98.94 | 4.57 | 4.76 | 4.74 | 4.61 | 4.29 |
| 3 | 贵州茅台 | 97.87 | 4.56 | 4.77 | 4.72 | 4.25 | 4.29 |
| 4 | 格力电器 | 97.28 | 4.55 | 4.72 | 4.72 | 4.49 | 4.46 |
| 5 | 同仁堂 | 95.57 | 4.54 | 4.35 | 4.66 | 4.71 | 4.55 |
| 6 | 云南白药 | 94.68 | 4.53 | 4.51 | 4.60 | 4.54 | 4.49 |
| 7 | 哈药股份 | 91.49 | 4.50 | 4.47 | 4.60 | 4.53 | 4.38 |
| 8 | 美的电器 | 90.55 | 4.49 | 4.75 | 4.69 | 4.38 | 4.22 |
| 9 | 上海医药 | 89.67 | 4.48 | 4.63 | 4.56 | 4.48 | 4.22 |
| 10 | 洋河股份 | 88.69 | 4.47 | 4.74 | 4.58 | 3.97 | 4.23 |
| 11 | 中国粮油控股 | 86.41 | 4.45 | 4.48 | 4.77 | 4.49 | 4.28 |
| 12 | 三精制药 | 86.26 | 4.45 | 4.34 | 4.69 | 4.44 | 4.42 |
| 13 | 双汇发展 | 83.06 | 4.42 | 4.66 | 4.64 | 4.14 | 4.20 |
| 14 | 泸州老窖 | 79.58 | 4.39 | 4.64 | 4.23 | 4.23 | 4.23 |
| 15 | 张裕 A | 77.86 | 4.37 | 4.57 | 4.01 | 4.25 | 4.40 |

注：本排行榜仅限科研使用，不作为对外商业使用，其排名先后结果仅作为本书方法和模型的举例和演示之用。

### 三、品牌竞争力分指标指数实证分析

（一）品牌资本力分指数

目前国内企业经营者对于现代化管理手段的理解与实践，多半仍然停留在以

财务数据为主导的思维里。虽然财务数据无法帮助经营者充分掌握企业发展方向的现实，但在企业的实际运营过程中，财务表现仍然是企业对外展示基本实力的重要依据。品牌财务表现层面的分析将财务指标分为规模因素、增长因素和效率因素三个二级指标。规模因素主要从营业收入、所有者权益和净利润三个三级指标衡量；效率因素主要从资产报酬率、总资产贡献率两个三级指标衡量；增长因素主要从近三年平均营业收入增长率、近三年平均净利润增长率两个三级指标衡量（见表6-9和表6-10）。

**表6-9　品牌资本力分指数排名**

| 企业 | 品牌资本力 | 规模要素 | 增长因素 | 效率因素 |
|---|---|---|---|---|
| 海尔电器 | 4.84 | 4.92 | 4.75 | 4.81 |
| 蒙牛乳业 | 4.77 | 4.85 | 4.57 | 4.88 |
| 五粮液 | 4.76 | 4.96 | 4.61 | 4.66 |
| 伊利集团 | 4.75 | 5.00 | 4.55 | 4.64 |
| 联想集团 | 4.74 | 4.50 | 4.92 | 4.90 |
| 青岛啤酒 | 4.72 | 4.98 | 4.52 | 4.58 |
| 格力电器 | 4.71 | 4.82 | 4.63 | 4.64 |
| 贵州茅台 | 4.66 | 4.74 | 4.87 | 4.34 |
| 娃哈哈 | 4.66 | 4.89 | 4.13 | 4.88 |
| 美邦集团 | 4.65 | 4.73 | 4.53 | 4.66 |

**表6-10　品牌资本力分项指标得分均值**

| 品牌资本力 4.34 | 规模要素 4.45 | 营业收入 | 4.21 |
|---|---|---|---|
| | | 所有者权益 | 4.52 |
| | | 净利润 | 4.72 |
| | 效率因素 4.16 | 资产报酬率 | 4.45 |
| | | 总资产贡献率 | 4.31 |
| | 增长因素 4.39 | 近三年平均营业收入增长率 | 4.28 |
| | | 近三年平均净利润增长率 | 4.09 |

由于近几年中国消费品市场的稳定发展，企业近年来营业收入、净利润都保持了良好的增长态势。50 家企业在品牌资本力得分均值为 4.34，从三个二级指标看，其均值分别为：规模要素 4.45，效率因素 4.16，增长因素 4.39，其中规模要素得分最高，其对整体品牌资本力的影响也最大。规模要素中又以净利润得分最高，为 4.72。在所有三级指标中，近三年平均净利润增长率得分最低，为 4.09。

（二）品牌市场力分指数

随着消费品行业的持续、快速发展，市场竞争也更加激烈。企业只有具备更强的市场竞争能力，才能在目前的行业环境中生存下去。市场竞争表现层面的分析将指标分为市场占有能力、超值获利能力和市场稳定力三个二级指标。市场占有能力主要从市场占有率、市场覆盖率和市场渗透率三个三级指标衡量；超值获利能力主要从品牌溢价率、品牌资产报酬率两个三级指标衡量。市场稳定力主要从品牌销售收入增长率、品牌销售利润增长率和品牌成长指数三个三级指标衡量（见表 6 - 11 和表 6 - 12）。

50 家企业在品牌市场力得分均值为 4.34，在二级指标中，市场占有力得分均值最高，为 4.60，三个三级指标得分均很高。超值获利能力得分均值紧随其次为 4.38，高分值来源于品牌溢价率指标得分均值较高。品牌成长指标分值较低导致市场稳定性得分均值最低为 3.71。

表 6 - 11　品牌市场力分指数排名

| 企业 | 品牌市场力 | 市场占有力 | 超值获利能 | 市场稳定性 |
|---|---|---|---|---|
| 中国粮油控股 | 4.77 | 5.00 | 4.91 | 3.98 |
| 青岛海尔 | 4.74 | 5.00 | 4.63 | 4.36 |
| 格力电器 | 4.72 | 4.86 | 4.61 | 4.61 |
| 贵州茅台 | 4.72 | 5.00 | 5.00 | 3.58 |
| 蒙牛乳业 | 4.69 | 4.99 | 4.86 | 3.74 |
| 美的电器 | 4.69 | 4.94 | 4.61 | 4.26 |
| 三精制药 | 4.69 | 4.97 | 4.76 | 3.91 |
| 伊利股份 | 4.67 | 4.93 | 4.80 | 3.86 |
| 同仁堂 | 4.66 | 4.95 | 4.77 | 3.85 |
| 双汇发展 | 4.64 | 4.86 | 4.87 | 3.72 |

表6-12　品牌市场力分项指标得分均值

| | | | |
|---|---|---|---|
| 品牌市场表现力 4.34 | 市场占有力4.60 | 市场占有率 | 4.58 |
| | | 市场覆盖率 | 4.61 |
| | | 市场渗透率 | 4.62 |
| | 超值获利能力4.38 | 品牌溢价率 | 4.58 |
| | | 品牌资产报酬率 | 4.01 |
| | 市场稳定性3.71 | 品牌销售收入增长率 | 4.06 |
| | | 品牌销售利润增长率 | 4.02 |
| | | 品牌成长指数 | 3.21 |

（三）品牌发展力分指数

竞争的加剧使中国企业的淘汰率很高，因此品牌发展潜力决定企业能否在行业内长期生存。所以在评级企业品牌竞争力的时候，发展潜力显得特别重要。品牌发展潜力包括品牌技术创新力、企业综合能力及行业发展潜力三个二级指标。其中品牌技术创新力主要从新产品开发速度、品牌质量合格率和研发费用占销售收入的比重三个三级指标衡量；企业综合能力主要从企业技术支持力、企业人才支持力和企业资源支持力三个三级指标衡量，行业发展潜力则包括政府政策支持度、行业发展趋势和行业内竞争趋势（见表6-13和表6-14）。

表6-13　品牌发展力分指数排名

| 企业 | 品牌发展力 | 品牌技术创新力 | 企业综合能力 | 行业发展潜力 |
|---|---|---|---|---|
| 同仁堂 | 4.71 | 4.98 | 4.72 | 4.22 |
| 青岛海尔 | 4.61 | 5.00 | 4.74 | 3.75 |
| 云南白药 | 4.54 | 4.84 | 4.43 | 4.12 |
| 哈药股份 | 4.53 | 4.93 | 4.60 | 3.72 |
| 国药控股 | 4.50 | 4.86 | 4.40 | 3.97 |
| 格力电器 | 4.49 | 4.86 | 4.63 | 3.65 |
| 中国粮油控股 | 4.49 | 4.83 | 4.51 | 3.86 |
| 上海医药 | 4.48 | 4.92 | 4.45 | 3.72 |
| 三精制药 | 4.44 | 4.88 | 4.36 | 3.72 |
| 五粮液 | 4.39 | 4.80 | 4.38 | 3.66 |

表 6 – 14    品牌发展力分项指标得分均值

| | | | |
|---|---|---|---|
| 品牌发展力 4.15 | 品牌技术创新力 4.57 | 品牌质量合格率 | 4.66 |
| | | 新产品开发速度 | 4.55 |
| | | 研发费用占销售收入的比重 | 4.51 |
| | 企业综合能力 4.14 | 企业技术支持力 | 4.41 |
| | | 企业人才支持力 | 3.93 |
| | | 企业资源支持力 | 3.91 |
| | 行业发展潜力 3.39 | 政府政策支持度 | 3.44 |
| | | 行业发展趋势 | 3.28 |
| | | 行业内竞争趋势 | 3.42 |

从总体上看，中国消费品市场发展仍较为健康，消费品市场在中国的发展时间还很短，未来仍有较大的发展空间。50 家消费品企业在品牌发展潜力方面得分均值为 4.15。在二级指标中，品牌技术创新能力得分均值较高，为 4.57，企业综合能力及行业发展潜力得分都超过 3 分，分别为 4.14 和 3.39。在三级指标中，行业发展趋势得分均值最低，仅为 3.28，严重影响了品牌行业发展潜力得分，也使品牌发展潜力的得分被拉低。

（四）品牌支持力分指数

企业的产品和服务只有通过消费者的购买和使用才能够转化为经济效益，消费者对企业的支持和信任是企业保持持续经营和发展的根本力量。消费者支持力包括品牌忠诚度、品牌满意度和品牌联想度三个二级指标。其中品牌忠诚度包括品牌溢价性、品牌偏好性、顾客推荐率和缺货忠诚率四个三级指标衡量；品牌满意度主要从品牌品质满意度、品牌心理满意度和品牌服务满意度三个三级指标衡量；品牌联想度主要从品牌功能联想、品牌个性联想和品牌组织联想三个三级指标衡量。企业在品牌发展潜力方面得分均值为 4.08。从二级指标看，品牌满意度得分均值及品牌忠诚度得分均值分别为 4.27 和 4.06，说明以上品牌具有一定的客户支持度。三级指标得分均在 3.60 分以上，其中品牌溢价性、品牌功能联想和品牌组织联想等指标得分均值较低（见表 6 – 15 和表 6 – 16）。

表 6-15 品牌支持力分指数排名

| 企业 | 品牌支持力 | 品牌忠诚度 | 品牌满意度 | 品牌联想度 |
|---|---|---|---|---|
| 同仁堂 | 4.61 | 4.59 | 4.74 | 4.51 |
| 五粮液 | 4.57 | 4.54 | 4.75 | 4.38 |
| 哈药股份 | 4.54 | 4.52 | 4.70 | 4.39 |
| 贵州茅台 | 4.54 | 4.52 | 4.75 | 4.31 |
| 洋河股份 | 4.54 | 4.54 | 4.73 | 4.18 |
| 上海医药 | 4.53 | 4.51 | 4.70 | 4.32 |
| 张裕A | 4.48 | 4.47 | 4.60 | 4.30 |
| 泸州老窖 | 4.46 | 4.45 | 4.59 | 4.26 |
| 三精制药 | 4.43 | 4.43 | 4.48 | 4.32 |
| 燕京啤酒 | 4.42 | 4.39 | 4.56 | 4.29 |

表 6-16 品牌支持力分项指标得分均值

| 品牌支持力 4.08 | 品牌忠诚度 4.06 | 品牌溢价性 | 3.65 |
|---|---|---|---|
| | | 品牌偏好性 | 4.19 |
| | | 顾客推荐率 | 4.40 |
| | | 缺货忠诚率 | 4.26 |
| | 品牌满意度 4.27 | 品牌品质满意度 | 4.42 |
| | | 品牌心理满意度 | 4.01 |
| | | 品牌服务满意度 | 4.41 |
| | 品牌联想度 3.80 | 品牌功能联想 | 3.62 |
| | | 品牌个性联想 | 4.08 |
| | | 品牌组织联想 | 3.70 |

（五）品牌塑造力分指数

企业的产品和服务只有通过对企业生产或代理的产品进行包装和宣传，即进行一定程度的品牌设计，获得消费者对企业的支持和信任，大多数名牌企业基本都是品牌塑造的高手。品牌塑造力包括品牌策划能力、品牌运作能力、品牌关系能力三个二级指标。其中品牌策划能力主要从品牌定位精度、品牌延伸广度、品牌个性塑造、品牌服务满意度四个三级指标衡量。品牌运作能力包括品牌保护能力、品牌传播能力和品牌危机处理能力三个三级指标衡量。品牌关系能力包括品牌与政府关系、品牌社会责任和品牌与客户关系三个三级指标衡量。企业在品牌塑造力方面得分均值为3.53。从二级指标看，品牌策划能力、品牌运作能力、品牌关系能力分别为4.01、4.10和4.13。三级指标得分均在3分以上，品牌保护能力得分均值为3.95，品牌危机处理能力为3.76，品牌定位精度为3.82，品牌社会责任为4.36（见表6-17和表6-18）。

**表6-17　品牌塑造力分指标排名**

| 企业 | 品牌塑造力 | 品牌策划能力 | 品牌运作能力 | 品牌关系能力 |
|---|---|---|---|---|
| 同仁堂 | 4.55 | 4.64 | 4.43 | 4.56 |
| 云南白药 | 4.49 | 4.64 | 4.25 | 4.52 |
| 格力电器 | 4.46 | 4.47 | 4.53 | 4.37 |
| 三精制药 | 4.42 | 4.43 | 4.39 | 4.43 |
| 张裕A | 4.40 | 4.54 | 4.28 | 4.35 |
| 哈药股份 | 4.38 | 4.23 | 4.45 | 4.52 |
| 五粮液 | 4.35 | 4.31 | 4.28 | 4.49 |
| 贵州茅台 | 4.29 | 4.23 | 4.16 | 4.51 |
| 青岛海尔 | 4.29 | 3.88 | 4.59 | 4.54 |
| 燕京啤酒 | 4.29 | 4.19 | 4.29 | 4.41 |

**表6-18　品牌塑造力各分项指标得分均值**

| 品牌塑造力 3.53 | 品牌策划能力 4.01 | 品牌定位精度 | 3.82 |
|---|---|---|---|
| | | 品牌延伸广度 | 3.81 |
| | | 品牌个性塑造 | 4.40 |
| | | 品牌形象设计 | 4.23 |
| | 品牌运作能力 4.10 | 品牌保护能力 | 3.95 |
| | | 品牌传播能力 | 4.65 |
| | | 品牌危机处理 | 3.76 |
| | 品牌关系能力 4.13 | 品牌与政府关系 | 3.91 |
| | | 品牌社会责任 | 4.36 |
| | | 品牌与客户关系 | 4.21 |

# 本章小结

　　本章的核心目的是对企业品牌竞争力指数（CBI）模型的应用进行检验，同时对品牌竞争力测试量表和测试模型进行检验。本书选取包括服装、家电、酒、食品饮料、医药等50家消费品类上市公司作为实证样本，首先对样本进行了描述性统计分析，并通过信度分析和效度分析。其次，本书对50家企业不同层级指标的CBS进行计算，得出品牌发展力、品牌塑造力指标得分偏低，说明中国自主企业品牌竞争力的基础性建设有待加强。最后，通过CBS的绝对值数据得出了50家上市公司的品牌竞争力指数（CBI）排名，得出五粮液、青岛海尔、贵州茅台、格力电器、同仁堂、云南白药等知名品牌名列前茅，本书与国际主流研究结果大体相符，验证了其量表的适用性。

# 第七章　结论与展望

## 第一节　主要结论及贡献

本书基于扎根理论质性分析和相关理论饱和的基础上，构建了企业品牌竞争力的"五力测评结构模型"，通过科学方法建构了中国自主企业品牌竞争力测评量表，采用探索性因子分析、验证性因子分析、皮尔逊相关分析和潜变量路径分析等方法，从品牌发展力、品牌塑造力、品牌支持力、品牌市场力和品牌资本力的角度对企业品牌核心竞争力进行了实证研究。本书的主要结论有以下几点：

第一，本书以扎根理论为指导，以具有一定企业品牌管理经验工作经验的中高层管理者以及品牌战略研究领域的相关专家学者为样本，采用质性分析方法探讨企业品牌竞争力评价的因素。通过座谈会的形式进行数据收集，通过扎根理论的研究程序先后对原始访谈数据采取开放式译码、主轴译码以及选择性译码，在保证效度分析和信度分析合格的基础上得出五个核心编码：品牌发展力编码、品牌塑造力编码、品牌支持力编码、品牌市场力编码和品牌资本力编码，同时对五个编码的内在关系做了初步假设并形成了企业品牌竞争力结构模型。

第二，在质性研究的数据分析中，品牌支持力范畴内概念出现频次411次高居榜首，验证了以 Keller 和 Aaker 为首的以消费者忠诚视角测评品牌资产的合理性。排在第二名的是品牌市场力，范畴内概念出现频次为 241 次，验证了国内学者张世贤（1996）、余明阳（2008）关于市场占有力和超值获利能力的测评视角合理性。出人意料的是当前以财务视角测评品牌价值的结论未得到此次执行研究的支持，品牌资本力范畴内概念出现 147 次，为五个三级编码的最后一名，且差距显著，而品牌发展力和品牌塑造力范畴内概念出现频次仅次于品牌市场力频次，从而可以推论以上两个编码可以作为两个重要测评维度。根据两个编码的含义可知，两者均在强调品牌的塑造条件及方法，这也构成了品牌竞争力的基础，而当前关于品牌价值的测评大都未将其列入重要指标；相反的是将较易获得数据的财务指标列为重点，导致品牌竞争力的评估过于静态化，单一财务维度的数据早已不足以解释与掌握企业品牌竞争力，不能反映品牌未来的发展趋势，本书重大突破之一是以财务指标主导、品牌发展的基础性要素等非财务性指标弥补了单一财务评价思维的片面性。

第三，借鉴以往品牌竞争力学者研究成果对质性研究结论进行理论饱和，构建"企业品牌竞争五力测评模型"，初步创建了包含五个潜在变量（品牌发展力、品牌塑造力、品牌支持力、品牌市场力和品牌资本力），22 个二级潜在变量共 92 个问题项的企业品牌竞争力初试问卷。通过小样本问卷预检验的信度和效度检验，删除 CITC 值小于 0.5 且这个变量的 Alpha 值都基本小于 0.6，删除因子载荷小于 0.4 的条目，得到 19 个二级潜变量包含 60 个观测变量的初试量表。通过对大样本数据进行离散程度法、相关系数法、因子分析法、区分度分析法、Chronbach'α 法、重测信度法，对测项筛选最后得到 15 个二级潜变量包含 44 个观测变量的正式量表。对正式测量数据进行探索性因子分析和验证性因子分析，且对正式量表的信度和效度进行检验。此外，通过皮尔逊相关分析和模型结构路径系数分析对五力测评模型的结构进行修正性检验，进而对八个变量假设关系进行验证。这是本书的贡献之二，即构建了中国自主企业品牌竞争力测评量表。

第四，本书在结构方程模型验证和路径分析基础上构建了企业品牌竞争"五力测评"机理模型，本模型包含从品牌塑造力到品牌支持力再到品牌资本力的横向作用链，从品牌发展力到品牌支持力再到品牌市场力的纵向作用链，从品牌发展力到品牌塑造力到品牌市场力再到品牌资本力的环向作用链，全面系统地解释了企业品牌竞争力的来源，并为品牌竞争力测评奠定理论基础。这是本书重大的理论研究成果和创新点，并基于正式量表构建企业品牌竞争力指数评价指标体系，利用功效系数法确定各层级指标的权重。

第五，本书一改传统以品牌价值（绝对值）的方式测评品牌竞争力，在国内首次尝试采用品牌竞争力指数（相对值）的形式构建了中国企业品牌竞争力指数评价模型系统（简称 CBI），并利用多指标综合指数评价分析方法对其进行定量化研究，以指数形式反映中国企业品牌竞争力强弱和发展趋势，并以中国50 家知名消费品类上市公司为实证分析对象对测试量表、机理模型和指数模型进行实证验证。

第六，基于"企业品牌竞争五力模型"视角的品牌竞争力形成机理，结合中国消费品类上市企业品牌竞争力具体实证分析发现其在品牌竞争力培育中存在以下问题：①品牌发展力层面，政府对企业品牌竞争力建设的支持力度有待加强，企业技术自主创新能力较弱导致产品质量无法支撑强大的品牌，企业品牌经营专业人才和企业家素质有待提高；②品牌塑造力层面，基于品牌定位思路的品牌个性塑造能力较弱，品牌危机处理能力的弱化凸显企业品牌关系能力较差，知识产权意识的淡漠导致品牌保护能力较弱；③品牌支持力层面，自主企业品牌忠诚度普遍较低、品牌溢价率不高，品牌社会性功能不强导致中国未出现一个高端的奢侈品牌；④品牌市场力和品牌资本力层面，市场占有能力较强但盈利能力不强，表象为品牌销售额偏高而品牌销售利润偏低，品牌产品的市场开拓能力不强导致品牌渗透率偏低，品牌生命周期普遍偏短，民族品牌被收购或消亡现象普遍存在。

## 第二节　管理启示

任何学术研究都基于实践，任何学术研究的落脚点都是要解释或解决问题并指导实践。本书通过测评视角对企业品牌竞争力提升问题展开探索性研究，尝试构建了一套系统测评中国本土企业品牌竞争力的理论体系，并通过消费品类上市企业实证检验，验证了本书具有一定的学术价值和应用价值，并通过指标测评结果发现了一些问题。针对质性研究的调研结论和上市企业的实证分析所发现的问题，本书提出六条中国自主企业品牌经营管理启示。

## 一、技术创新是品牌竞争力提升的根本前提

纵观世界品牌 100 强企业，其产品无不具有强大的技术或创新商业模式的支撑。可口可乐的神秘配方、英特尔的电脑心脏技术、苹果公司的体验技术、微软公司的软件技术等都是其独步天下的"秘技"，使其产品畅销全球、享誉世界。然而中国进入世界 500 强的大企业靠的是资本优势，靠技术和商业模式入围的企业凤毛麟角。通过前文实证分析，中国本土企业的技术创新能力各项指标得分均不高，虽然个别企业某项技术已跻身先进行列，但大部分企业仍处于模仿式和引进式技术创新阶段。中国国际性品牌的塑造必然要依托一套具有自主知识产权的技术创新体系，"中国制造"向"中国创造"的转变需要全体企业的共同努力。因此，技术创新是中国自主企业品牌竞争力提升的核心要素，是中国企业走向国际舞台的重要支柱。

## 二、文化塑造是品牌竞争力提升的灵魂要素

大多数高端品牌具有让人向往或难忘的品牌故事，如香奈儿香水故事、可口可乐神秘配方、微软比尔·盖茨创业故事、乔布斯改变世界的创业故事等，融入品牌文化成为其行销世界的无形资产。卓越的品牌文化如"苹果控"可以引领一种消费时尚，使消费者产生膜拜的品牌忠诚。中国也不乏文化品牌，但百年老字号在与国际品牌竞争之后纷纷败下阵来，究其原因为盲目改革、追求时尚、忽略文化要素等均是其失败的重要原因。纵观主流媒体上的品牌宣传广告，朗朗上口的顺口溜屡见不鲜，而具有文化内涵深入心灵的品牌少之又少，动辄上亿的广告费用成为毫无意义的企业成本，资金链断裂后成为昙花一现的流星。中国企业塑造品牌的文化资源可谓十足丰富，首先是具有五千年的文化史、千年的中医文化和家族文化等历史文化资源，其次是千年历史的茶业、瓷器和丝绸等商业资源。这些代表中华民族商业文化发达的标志性资源亟待中国企业界发掘，随着中

国经济的崛起，中国文化元素的品牌必将在国际商业舞台上大放异彩。文化要素是中国自主企业品牌竞争力提升的灵魂和源泉。

### 三、品牌定位是品牌竞争力提升的制胜法宝

定位思想指导美国乃至全球很多大企业成功塑造了品牌。例如，美国西南航空的低成本定位使其成为美国航空界唯一持续盈利的企业；IBM 出售或清除部分盈利率低的业务，成功打造大型服务商的品牌形象；凭借"怕上火喝王老吉"的功能定位使王老吉在中国的销量一度超过可口可乐。对于大型品牌企业，宝洁公司成功实施子品牌定位战略使其产品渗透于各个细分市场，而海尔集团却因盲目多元化将品牌延伸至药业、金融和地产等不相关产业，最终均以失败告终。当前企业战略思维早已由多元化战略返回归核化战略，而归核化战略的核心思维与定位思想不谋而合。中国企业品牌建设的通病是资本充足立即盲目延伸，导致消费者心智被扰乱，最终被消费者淘汰。只有通过明确的定位策略塑造具有差异化优势的品牌形象，才能在产品同质化竞争激烈的国际市场脱颖而出。因此，品牌定位是中国自主企业品牌竞争力提升的关键要素。

### 四、资本支持是品牌竞争力提升的重要保障

纵观市场，国际大品牌背后均具有强大资本支持，历经数载商场风云洗礼而苦心经营成为长寿明星企业。品牌的打造需要时间和资本，世界 500 强企业中100 年以上的企业多如牛毛，而中国企业平均寿命不足三岁。究其原因，资本要素首当其冲，尤其是对于民营企业生存发展至关重要。国外企业甚至拿出利润的20% ~ 30% 用于品牌塑造、宣传和保护，而国内企业对于品牌建设的投入比重少之又少。因此，资本要素是中国自主企业品牌竞争力提升的保障性要素。

### 五、超额盈利是品牌竞争力提升的显著标志

成功品牌的特征除了寿命较长、销量较多之外，最显著的是具有较强的溢价能力。从某种意义上说，高端定价也是成功品牌的标志之一，劳斯莱斯汽车虽销量有限但价格不菲，LV 挎包售价是其成本的数百倍，其价格是同等品牌的数十

倍之多。品牌溢价并不是凭空漫天要价，而是基于消费者对产品品质和附加值认可和购买为前提，最终形成品牌忠诚。中国自主品牌销量很大但利润很低，如中国出口纺织业的数量和利润成反比的事实，自主品牌溢价能力亟待提升。溢价能力的塑造取决于两个要素：一是以技术创新为支撑的物质品质；二是以文化为内涵的精神附加值。总之，品牌溢价是品牌竞争力提升的标志性要素。

### 六、品牌保护是品牌竞争力提升的重要支撑

品牌危机事件频发不绝，然而由于处理能力不同品牌经营结局也不尽相同。例如，国内的"三氯氰胺"，百年老字号"冠生园"、红极一时的"中华鳖精""秦池特曲"等瞬间陨落，可以看出本土企业的品牌危机处理能力是如此之脆弱。再看国外企业的抗压能力截然相反，日本丰田轮胎危机、肯德基苏丹红危机和家乐福食品危机，虽然骂声一片但未伤及筋骨，品牌形象毫发未损。因为这些成熟品牌经营背后具有强大的文化积淀和经济实力作为支撑，更为关键的是其具有一套科学的品牌危机处理方案。

此外，中国企业品牌被外资企业并购的事件层出不穷，民族企业自我保护意识的淡漠使很多优秀企业成为陨落的明星或成为外国企业收养的新星。同仁堂、青岛啤酒、茅台等知名品牌相继被国外机构注册，民族企业品牌商标、技术专利的保护必须具有国际视野。因此，品牌保护和危机处理是中国自主企业品牌竞争力提升的辅助要素。

# 第三节 政策建议

### 一、"中国创造"应成为中国经济发展主题

"中国制造"现已经成为中国企业产品品牌的代名词，物美价廉的整体品牌定位使中国商品逐步走出中国并走向世界品牌之林，海尔、联想和华为等一批具

有国际竞争力的企业品牌崛起代表着中国品牌建设的良好开端。但是"中国制造"下的品牌附加价值普遍较低，中国企业在国际市场上很难迈出低端低价的整体品牌形象而塑造高附加价值的品牌形象。2012 年金砖国家会议和博鳌亚洲论坛开始涉及包容的增长问题，中国大部分企业处于国际产业分工的制造环节，技术研发和品牌营销环节较弱。像中国这样在核心技术和高科技领域优势尚不显著，而低成本优势逐步丧失的国家，以品牌提升产业附加价值，以品牌提升中国综合竞争力是中国企业的必由之路（余明阳，2011）。由"中国制造"向"中国创造"的整体品牌定位的转变是未来中国经济发展的重要主题。

### 二、构建四方联合的自主品牌塑造工程

由"中国制造"向"中国创造"的过渡需要构建以政府支持为主导、企业自强为根本、学界咨询为辅助、媒体宣传为桥梁的自主品牌塑造联合大工程。

中国政府要将自主品牌建设提升至国家经济战略高度，这对品牌塑造工程起到全面系统战略指挥和后勤保障作用。首先，鼓励企业打造品牌，尤其是支持资本雄厚的国有企业走出国门打造国际品牌创收外汇，鼓励并搭建融资平台支持民营企业打造特色品牌。其次，营造市场化主导适宜品牌培育的氛围，取消行业保护和地方保护，放宽垄断性行业的进入门槛，这样更有利于培养具有国际竞争能力的品牌企业。再次，加大企业品牌保护力度，严厉打击品牌侵权行为，且以严肃的态度对待品牌评级和认证工作。最后，各级政府鼓励支持企业搭建技术创新平台，保护自主知识产权不受侵害。此外，中国政府有义务通过各种国际宣传平台推介中国创造的大品牌形象，使中国企业在国外发展具有一定的背景优势。

中国企业自身应加大品牌建设的战略投入力度。首先，企业应加强品牌建设意识，尤其是传统行业和部分垄断性国有企业，市场环境的国际变化容不得一丝懈怠，网络购物的兴起使一些传统商业模式大受冲击，新华书店开遍全中国可谓书店行业的金字招牌，但其受当当网和卓越网的冲击，品牌效应日益递减。其次，企业积极引进高素质技术人才。中国制造在历经了金融危机的洗礼后，大部分企业开始从 OEM 的简单商业模式危机中觉醒，部分行业技术已跻身世界先进行列，但汽车、IT、家电、日化等消费品行业的技术劣势仍十分明显，品牌塑造

必须标本兼治。因此，实体企业必须提高研发经费，积极引进高技术人才，提升产品技术创新元素，从而支撑企业产品的高品质，但"中国制造"低质低价的形象靠一两个企业力挽狂澜是不可能的，其需要中国企业整体的努力，向具有技术含量的"中国创造"迈进。最后，积极引进品牌经营高素质人才。中国企业界对于如何创建品牌、经营品牌以及保护品牌的经验尚浅，急需具有国际品牌经营能力的高素质人才。品牌管理者不但要熟知品牌建设理论体系，而且深度分析国际竞争形势、中国商情、行业竞争特点以及消费者心理，进而有针对性地设计品牌形象、品牌宣传、品牌服务以及品牌保护、品牌资本运作等重要策略。以实现品牌忠诚、品牌溢价和品牌长寿的成功品牌，进而分享产业高附加值。此外，企业要重视产业集群的积极效应，形成中国创造"共生共荣"的品牌建设观念。

学术界、中介机构、行业协会结合中国商情和国际商情为中国自主品牌建设提供理论指导。中国企业品牌建设理论远远落后于企业实践，构建一套系统实用的中国自主品牌技术理论迫在眉睫。学术界应走进企业搞科研，理论与实践相结合得出的结论才是最具说服力和实用价值的，而且关于品牌建设、品牌经营、品牌评估和品牌资本的理论研究将为企业品牌经营提供有效的智力支持。政府要鼓励和支持成立品牌评估中介机构和行业品牌协会，探索一套具有中国特色的品牌建设体系和品牌评价体系。

媒体应理性公正地传播企业品牌建设信息，打击伪劣假冒以及恶性竞争有损企业品牌建设等行为。积极传播"中国制造"向"中国创造"转变的优势元素，传播中国商业文化元素，引导消费者改变自主品牌的消费观念，成立专业宣传"中国制造""中国创造"的网站、电台、杂志，为中国自主品牌建设提供宣传的窗口。

### 三、品牌为转变经济增长方式的创新路径

"十二五"规划开篇即讲转变经济增长方式，但如何转变？调整产业结构，从粗放型向集约型过渡，从注重经济发展规模向注重经济发展质量转变。本书从国际产业分工价值链角度认为中国经济增长包括三个环节：一是凭借以劳动力成本优势见长的加工制造出口为主的低附加价值环节；二是以不惜以市场换技术引

进模仿式创新的高附加价值环节；三是以品牌经营为主的营销环节。品牌是生产环节和技术研发环节的集中表现，结合当前中国企业国际竞争实力，中国制造部分技术已居世界前列，世界一半以上的消费品在中国制造，但劳动力成本优势逐步被更不发达地区取代。因此，中国培养国际品牌的土壤和时机均已成熟，品牌建设将成为中国转变经济增长方式的重要创新路径。

当前，排名进入世界 500 强的中国企业基本都是国有企业，这些企业凭借垄断性资源和政府扶持攫取雄厚资本，然而国际品牌的特征之一是具有全球性的市场拓展能力，与之相比中国企业充其量算是区域性品牌。在经济全球化背景下，品牌已无国界可言，国资委领导下的 170 多家重点国有企业基本垄断了几大支柱产业，要想走入国际市场单靠政府的支持是不够的，最终买单的是在自由市场中具有自由选择权利的消费者。当前，我国进入世界 500 强企业大多数以国企为主，在全球化背景下品牌无国界可言，建设现代经济体系，高质量发展是必由之路，以扩大内需为基点，以供给侧结构性改革为主线，中国企业尤其是大型国有企业和上规模的民营企业担负着重要的经济历史使命，就是要全力以赴塑造中国自主品牌，战胜本土市场上的外来企业，进而开拓国际市场，享受国际产业分工中的高附加值。因此，品牌建设是中国经济增长的重要创新路径，也是中华民族经济伟大复兴的标志性符号。

# 第四节　局限性及应用性研究展望

本书从质性研究和实证的角度讨论了从品牌发展力、品牌塑造力、品牌支持力、品牌市场力和品牌资本力五个角度对企业品牌核心竞争力测评，得到了一些具有一定实践意义的结论和启示，但由于时间精力有限以及资料收集等方面的原因，本书的研究也存在一些不足之处。

（1）在实证研究部分，本书的问卷调查仅限于国内正学习管理或从事管理工作的中高级管理人员，如果调查范围能扩大至国外的相关人员，相信本书的研究结论应该会更丰富和更有说服力。

（2）实证研究的假设过于简单，企业品牌竞争力的关键要素影响作用机理仅进行了相关性研究，对于核心要素之间的交互作用、中介作用以及调节作用分析不够深入。

（3）关于定性指标的主观性影响，国外主流营销研究方法已较少涉及问卷调查方法，其弊端就是调查客体心理和行为的主观性和不确定性。为此，本书只能是尽量规避影响定性指标带来的信度和效度的要素，尽力用公开数据的定量指标平衡主观悟性因素。

一项理论研究的伟大之处在于其应用性，如波特的五力模型为全世界企业和学者提供了对行业竞争的分析工具。关于指数模型的应用性，单独的一个品牌竞争力指数只能反映品牌在某一时点的状况，在缺乏比照的情况下，这一指数无法显示更多信息。所以，从营销应用的角度考虑，品牌竞争力指数模型研究还应当前进一步，即基于指数模型开发更多的指数工具（即指数体系）。这些指数管理工具对品牌竞争力管理颇有价值。实际上，品牌竞争力应用指数体系的开发过程就是将某品牌竞争力指数与其他品牌竞争力指数进行对比，从而得出一些对品牌管理有指导意义的工具。对比的视角可以从时间序列、竞争差距、健康状况三个方面来考虑①。对比的结果会形成一个丰富的应用指数体系（见图7-1），并产生相应的图表工具。本书在指数模型的基础上开发了品牌竞争力发展指数模型、品牌竞争力差距指数模型、品牌竞争力健康指数模型和品牌竞争力指数应用魔方模型。

### 一、企业品牌竞争力发展指数

品牌竞争力会经历一个动态的发展过程，可能提升也可能回落，提升和回落分别代表着品牌营销的成与败，所以回答"何时提升何时回落"的问题可以检验品牌管理措施的制定与实施情况。但是，如果不对品牌竞争力进行一段时间的跟踪，品牌管理者无法对这一问题做出定量的判断。因此，提出一个品牌竞争力

---

① 关于企业品牌竞争力应用指数体系的内涵、命名及分类参考中山大学周志民先生的分类方法。

发展指数，以利于管理者对品牌竞争力进行长期管理是很有意义的。这一指数的实质是在一个时间序列上，同一企业（行业或地区）在不同时期的品牌竞争力状况的对比。

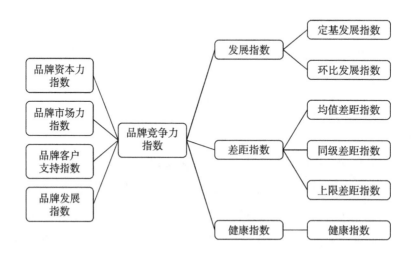

**图7-1 企业品牌竞争力指数应用体系**

在时间序列上，指数计算通常有定基和环比两种方式。前者表示相对于一个固定的基点来说，竞争力在时间序列上的变化状况，可用以衡量不同时点竞争力的强弱；后者表示每一评估周期相对于上一评估周期竞争力的变化程度，可用以衡量品牌竞争力在一个周期内的升降情况。两种发展指数的表达形式分别如式（7-1）、式（7-2）所示。同样，其他几个品牌竞争力分指标指数也适用这两个公式，表示品牌竞争力各侧面在时间序列上的变动。此外，品牌竞争力发展指数在描述变动情况时，为了便于直观观察，可以将一段时间的发展指数绘制成图形，以时间序列为横轴，以品牌竞争力（分）指数为纵轴。后面几个指数也可作同样操作，不再赘述。

$$CBI_{定} = \left( \frac{CBI_N}{CBI_0} - 1 \right) \times 100 \tag{7-1}$$

$$CBI_{环} = \left( \frac{CBI_N}{CBI_{N-1}} - 1 \right) \times 100 \tag{7-2}$$

式（7-1）和式（7-2）中：

CBI$_定$——品牌竞争力定基发展指数；

CBI$_环$——品牌竞争力环比发展指数；

CBI$_0$——品牌竞争力基期指数；

CBI$_N$——第 N 个报告期品牌竞争力指数；

CBI$_{N-1}$——第 N-1 个报告期品牌竞争力指数。

### 二、企业品牌竞争力差距指数

品牌是市场竞争的利器，通过对比不同企业品牌之间的竞争力，就可大致了解品牌在行业中的相对竞争力及其相对地位，同样可以评估行业及区域品牌的相对竞争力及其相对地位。这个用来衡量某品牌与其他竞争品牌在品牌竞争力上差距的指数称为品牌竞争力差距指数。

出于不同的目的，品牌可以与不同的竞争品牌对比。一般来说，竞争品牌可以分为三类：行业领先水平、行业同级水平、行业平均水平。与行业领先者对比，可以帮助品牌了解自身与行业最高水准之间的差距；与同级水平对比，可以帮助品牌了解自身的竞争优劣势；与行业平均水平对比，可以帮助品牌了解自身的行业地位。行业平均水平品牌竞争力指数通过简单算术平均法获得。这三个对比分别产生了品牌竞争力上限差距指数、品牌竞争力同级差距指数和品牌竞争力均值差距指数。三个指数的表达形式分别如式（7-3）、式（7-4）、式（7-5）所示：

$$CBI_上 = \left( \frac{CBI_N}{CBI_{best}} - 1 \right) \times 100 \qquad (7-3)$$

$$CBI_同 = \left( \frac{CBI_x}{CBI_v} - 1 \right) \times 100 \qquad (7-4)$$

$$CBI_均 = \left( \frac{n \times CBI_x}{\sum_{i=1}^{n} CBI_i} - 1 \right) \times 100 \qquad (7-5)$$

式（7-3）、式（7-4）和式（7-5）中：

CBI$_上$——品牌竞争力上限差距指数；

$CBI_N$——企业 N 的品牌竞争力指数；

$CBI_{best}$——行业领先者的品牌竞争力指数；

$CBI_{同}$——品牌竞争力同级差距指数；

$CBI_x$——企业 X 的品牌竞争力指数；

$CBI_y$——企业 Y 的品牌竞争力指数；

$CBI_{均}$——品牌竞争力均值差距指数；

$W_i$——企业品牌 i 的权重；

$CBI_i$——企业 i 的品牌竞争力指数。

### 三、企业品牌竞争力健康指数

无论是发展指数还是差距指数，都只是从某个角度反映了品牌竞争力状况。在品牌竞争力判断过程中还需要一个健康指数，以直接衡量品牌竞争力的健康状况。

品牌竞争力健康指数的计算方法是将某品牌的竞争力指数与中基准指数对比见式（7-6）。基准指数有高、中、低三类，尤以中基准最为重要，因为中基准代表的是品牌竞争力的平均水平，高、低两个基准则用来辅助判断品牌竞争力强弱的程度，如高于高基准指数表示品牌竞争力很好，而低于低基准指数表示品牌竞争力很差。这样，凡是品牌竞争力总指数大于中基准指数者，其品牌竞争力健康状况就较好；反之，则较差。

$$CBI_{健} = \left( \frac{CBI_x}{CBI_{基}} \right) \times 100 \qquad (7-6)$$

式（7-6）中：

$CBI_{健}$——品牌竞争力健康指数；

$CBI_x$——企业 X 的品牌竞争力指数；

$CBI_{基}$——品牌竞争力中基准指数。

按照衡量的主体范围，品牌竞争力健康指数可分为四种：企业的品牌竞争力健康指数、分指标品牌竞争力健康指数、行业的品牌竞争力健康指数、区域的品牌竞争力健康指数。第一个指数反映的是某一个企业的竞争力指数健康状况，以便采取针对性的营销策略；第二个指数反映的是某个具体指标的健康状况，起到诊断作用，达到扬长避短的目的；第三个指数反映的是某个行业内的品牌竞争力健康概况，以此来衡量该行业在品牌竞争力建设方面的总体水平；第四个指数反映的是某个区域内的品牌竞争力健康概况，指数的对比数据可以采用排行榜和图表的方式，以此来衡量该区域在品牌竞争力建设方面的总体水平，以便主管部门宏观调控。

### 四、企业品牌竞争力指数魔方模型

根据不同行业、不同区域、不同指标的指数分类，三维提出一个企业品牌竞争力指数应用魔方模型。

如图 7-2 所示，X 轴表示分区域企业品牌竞争力，Y 轴表示分行业企业品牌竞争力，Z 轴表示分指标企业品牌竞争力。

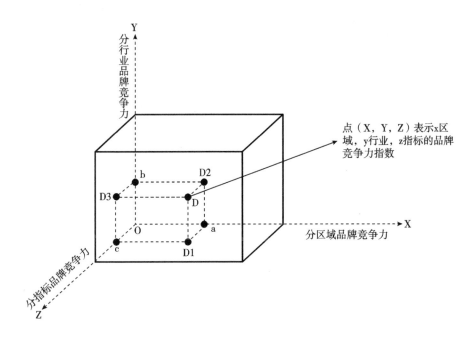

**图 7-2 企业品牌竞争力指数应用魔方模型**

一维魔方：其中 a 点表示某一区域内所有企业品牌竞争力指数的平均加权

值，如北京地区企业品牌竞争力的总体指数；b 点表示某一行业内所有企业品牌竞争力指数的平均加权值，如金融行业企业品牌竞争力的总体指数；c 点表示某一指标品牌竞争力指数的平均加权值，如品牌市场表现指标的总体指数。

二维魔方：其中 D1 点表示某 a 区域 c 指标的企业品牌竞争力指数，如辽宁地区关于发展潜力指标的企业品牌竞争力总体指数；D2 点表示 a 地区 b 行业的企业品牌竞争力指数，如浙江地区关于食品行业的企业品牌竞争力总体指数；D3 点表示 b 行业 c 指标的企业品牌竞争力指数，如家电行业关于消费者支持指标的企业品牌竞争力总体指数。

三维魔方：D 点表示 a 区域 b 行业 c 指标的品牌竞争力指数，如山东地区蔬菜行业品牌市场表现的企业品牌竞争力总体指数。

根据魔方模型可以衍生出若干的组合指数体系。例如，如果拟针对 20 个地区、20 个行业，结合五个分指标，建立三个数据库，再配套软件技术，最终可以得出 $20 \times 20 \times 5 = 2000$ 个指数排行榜，全方位反映中国企业品牌竞争力的相对竞争优势和变化趋势。

本书下一步将借鉴平衡计分卡的逻辑思路，分层次逐级研究企业品牌竞争力的影响要素和形成机理，以便更深层次地揭示企业品牌竞争力的核心问题所在，进而提出更具操作性的品牌竞争力路径提升策略。

# 参考文献

［1］Aaker D. A. Erich Joachimst haler. Brand leadership ［M］. New York: The Free Press, 2002.

［2］Aaker D. A. Building Strong Brands ［M］. New York: Free Press, 1996.

［3］Aaker D. A. Managing Brand Equity: Capitalizing on the Value of a Brand Name ［M］. NewYork: Free Press, 1991.

［4］Aaker D. A. Keller K. L. Consume Revaluation of Brand Extension ［J］. Journal of Marketing, 1990, 54 (1): 27 –41.

［5］Aaker Jennifer L. Accessibility or Diagnosticity? Disentangling the Influence of Culture on Persuasion Processes and Attitudes ［J］. Journal of Consumer Research, 2000, 26 (3): 340 –357.

［6］Aaker. Managing Brand Equity: Capitalizing on the Value of a Brand Name ［M］. New York: The Free Press, 1991.

［7］Aaker, D. A. Dimension of Brand Personality ［J］. Journal of Marketing Research, 1997, 34 (8): 347 –356.

［8］Agres S. J., Dubitsky T. M. Dubitsky. Changing Needs for Brands ［J］. Journal of Marketing Research, 1996 (36): 21 –30.

［9］Alokparna Basu Monga, Deborah Roedder John. What Makes Brands Elastic? The Influence of Brand Concept and Styles of Thinking on Brand Extension Evaluation ［J］. Journal of Marketing, 2010, 74 (5): 80 –92.

[10] Amrouche N. , Martín – Herrán G. , Zaccour G. Pri – cing and Advertising of Private and National Brands in Adynamic Marketing Channel [J] . Journal of Optimization Theory and Applications, 2008, 137 (3): 465 – 483.

[11] Anitha Swaminathan, Karenl, Zeynep Gu Rhan – canly. "My" Brand or "Our" Brand: The Effects of Brand Relationship Dimensions and Self – Construal on Brand Evaluations [J] . Journal of Consumer Research, 2007, 34 (8): 248 – 260.

[12] Aparnaa Labroo, Angelay Lee. Between Two Brands: A Goal Fluency Account of Brand Evaluation [J] . Journal of Marketing Research, 2006, 43 (8): 374 – 385.

[13] Baldinger A. , Rubinson J. Brand Loyalty: The Link between Attitude and Behavior [J] . Journal of Advertising Research, 1996, 36 (6): 22 – 34.

[14] Barsalou Lawrence W. Grounded Cognition [J] . Annual Review of Psychology, 2008 (59): 617 – 645.

[15] Berthon P. , Hulbert J. M. , Pitt L. F. Brand Management Prognostications [J] . Sloan Management Review, Winter, 1999, 40 (2): 53 – 65.

[16] Biel, Alexander L. How Brand Images Drivers Brand Equity [M] . Journal of Advertising Research, 1995 (32): 11 – 20.

[17] Bottomley Paul A. , Stephen J. Holden. Do We Really Know How Consumers Evaluate Brand Extensions [J] . Journal of Marketing Research, 2001, 38 (11): 494 – 500.

[18] B. Schmitt, D. Rogers. Brand Attachment and a Strategic Brand Exemplar in Handbook of Brand and Experience Management [M] . Northampton, MA: Edward Elgar Publishing, 2009.

[19] Carol J. Simon, Mary W. Sullivan. The Measurement and Determinants of Brand Equity: A Financial Approach [J] . Marketing Science, 1993, 12 (1): 28 – 53.

[20] Chan Su Park, Dae Ryun Chang. An Approach to the Measurement, Analysis, and Prediction of Brand Equity and Its Sources [J] . Management Science, 2005,

51 (9): 1433 - 1448.

[21] Charnes A. , Cooper W. W. , Rhode E. Measuring the Efficiency of Decision Making Units [J] . European Journal of Operational Research, 1978 (2): 429 -444.

[22] Chay R. F. How Marketing Researchers can Harness the Power of Brand Equity [J] . Journal of Marketing Research, 1991, 3 (2): 30 -37.

[23] C. Whan Park, Deborah J. MacInnis, Joseph Priester. Brand Attachment and Brand Attitude Strength: Conceptual and Empirical Differentiation of Two Critical Brand Equity Drivers [J] . Journal of Marketing, 2010, 74 (11): 1 - 17.

[24] Deborah J. MacInnis, C. Whan Park. The Ties That Bind: Measuring the Strength of Consumers' Attachments to Brands [J] . Journal of Consumer Psychology, 2005, 15 (1): 77 -91.

[25] Deng J. L. The Foundation of Grey System Theory [J] . The Journal of Grey System, 1997 (1): 40.

[26] Donald R. Lehmann, Scott A. Neslin. Revenue Premium as an Outcome Measure of Brand Equity [J] . Journal of Marketing, 2003, 67 (10): 1 - 17.

[27] Donald R. Lehmann. Brands and Branding: Research Findings and Future Priorities [J] . Marketing Science, 2006, 25 (6): 740 - 759.

[28] Escalas, Jennifer, James R. Bettman. Self - Construal, Reference Groups, and Brand Meaning [ J ] . Journal of Consumer Research, 2005, 32 (12): 378 - 389.

[29] Farquhar P. H. Managing Brand Equity [J] . Journal of Advertising Research, 1990 (8): 7 - 12.

[30] Fischer Marc. Valuing Brand Assets: A Cost - Effective and Easy - to - Implement Measurement Approach [R] . Cambrige, MA: Marketing Science Institute, 2007.

[31] Gary J. Russell, Wgner A. Kamakura. Understanding Brand Competition Using Micro and Macro Scanner Data [J] . Journal of Marketing Research, 1994, 31 (5): 289 - 303.

[32] Gregory S. Carpenter, Donald R. Lehmann. A Model of Marketing Mix, Brand Switching, and Competition [J]. Journal of Marketing Research, 1985, 22 (3): 318 – 329.

[33] Gruca Thomas S., Lopo L. Rego. Customer Satisfaction, Cash Flow, and Shareholder Value [J]. Journal of Marketing, 2005, 69 (7): 115 – 130.

[34] Jain Shailendra P., Steven S. Posavac. Valenced Comparisons [J]. Journal of Marketing Research, 2004, 41 (2): 46 – 58.

[35] Jean – Noel Kapferer. Strategic Brand Management: New Approaches to Creating and Evaluating Brand Equity [J]. Journal of Marketing, 1994, 58: 118 – 126.

[36] Jean – Pierre Dubé, Puneet Manchanda. Differences in Dynamic Brand Competition Across Markets: An Empirical Analysis [J]. Marketing Science, 2005, 24 (1): 81 – 95.

[37] John M. T. Balmer. Corporate Branding and Connoisseurship [J]. Journal of General Management, 1995, 21 (1): 24 – 46.

[38] Jorge Silva – Risso, Shuba Srinivasan, Dominique M. Hanssens. New Products, Sales Promotions, and Firm Value: The Case of the Automobile Industry [J]. Journal of Marketing, 2004, 68 (10): 142 – 156.

[39] J. Miguel Villas – Boas, Consumer Learning, Brand Loyalty, and Competition [J]. Marketing Science, 2004, 23 (1): 134 – 145.

[40] Keller K. L. Strategic Brand Management — Building, Measuring, and Managing Brand Equity [M]. New York: Prentice Hall, 1998.

[41] Keller K. L. The Effects of Brand Name Suggestiveness on Advertising Recall [J]. Journal of Marketing, 1998 (24): 48 – 57.

[42] Keller K. L. Conceptualizing, Measuring, and Managing Customer – Based Brand Equity [J]. Journal of Marketing, 1993, 57 (1): 1 – 22.

[43] Kevin Lane Keller. Strategic Brand Management [M]. New Jersey: Prentice Hall Inc., 1998.

［44］ Kevin Lane Keller. Brands and Branding: Research Findings and Future Priorities ［J］. Marketing Science, 2006, 25 （6）: 740 – 759.

［45］ Kim, Hakkyun, Deborah Roedder John. Consumer Responses to Brand Extensions: Construal Level as a Moderator of the Importance of Perceived Fit ［J］. Journal of Consumer Psychology, 2008, 18 （2）: 116 – 126.

［46］ Labroo Apama A. , Angela Y. Lee. Between Two Brands: A Goal Fluency Account of Brand Evaluation ［J］. Journal of Marketing Research, 2006, 43 （8）: 374 – 385.

［47］ Labroo Aparna A. , Sara Kim. The "Instrumentality" Heuristic: Why Metacognitive Difficulty Is Desirable during Goal Pursuit ［J］. Psychological Science, 2009, 20 （1）: 127 – 134.

［48］ Lee, Kyoungmi, Sharon Shavitt. The Use of Cues Depends on Goals: Store Reputation Affects Product Judgments When Social Image Goals Are Salient ［J］. Journal of Consumer Psychology, 2006, 16 （3）: 260 – 271.

［49］ Lopo L. Rego, Matthew T. Billett, Neil A. Morgan. Consumer – Based Brand Equity and Firm Risk ［J］. Journal of Marketing, 2009, 73 （11）: 47 – 60.

［50］ Madden Thomas J. , Frank Fehle, Susan M. Fournier. Brands Matter: An Empirical Investigation of Brand Building Activities and the Creation of Shareholder Value ［J］. Journal of the Academy of Marketing Science, 2006, 34 （2）: 224 – 235.

［51］ Michel Wedel, Jie Zhang. Analyzing Brand Competition Across Subcategories ［J］. Journal of Marketing Research, 2004, 41 （11）: 448 – 456.

［52］ Ming – Huei Hsieh. Measuring Global Brand Equity Using Cross – National Survey Data ［J］. Journal of International Marketing, 2004, 12 （2）: 28 – 57.

［53］ Mittal Banwari. I, Me and Mine: How Products Become Consumers' Extended Selves ［J］. Journal of Consumer Behavior, 2006, 5 （6）: 550 – 562.

［54］ Mizik Natalie, Robert Jacobson. The Financial Value Impact of Perceptual Brand Attributes ［J］. Journal of Marketing Research, 2008, 45 （2）: 15 – 32.

［55］ Nagler M. G. An Exploratory Analysis of the Determi – Nants of Cooperative

Advertising Participation Pates [J]. Marketing Letters, 2006, 17 (10): 91 – 102.

[56] Pierre Chandon, Wesley J. Hutchinson, Eric T. Bradlow. Does In – Store Marketing Work? Effects of the Number and Position of Shelf Facings on Brand Attention and Evaluation at the Point of Purchase [J]. Journal of Marketing, 2009, 73 (11): 1 – 17.

[57] Posavac Steven S., David M. Sanbonmatsu, Frank R. Kardes, et al. The Brand Positivity Effect: When Evaluation Confers Preference [J]. Journal of Consumer Research, 2004, 31 (3): 643 – 651.

[58] Prahalad C. K., Hamel G. The Core Competence of the Corporation [J]. Harvard Business Review, 1990, 68: 79 – 91.

[59] Prestwich Andrew, Marco Perugini, Robert Hurling, et al. Using the Self to Change Implicit Attitudes [J]. European Journal of Social Psychology, 2010, 40 (1): 61 – 71.

[60] Rebecca J. Slotegraaf, Koen Pauwels. The Impact of Brand Equity and Innovation on the Long – term Effectiveness of Promotions [J]. Journal of Marketing Research, 2008, 45 (6): 293 – 306.

[61] Reza Motameni, Manuchehr Shahrokhi. Brand Equity Valuation: A Global Perspective [J]. Journal of Product & Brand Management, 1988, 7 (4): 275 – 290.

[62] Russell S. Winer, Rosellina Ferraro. The Interplay among Category Characteristics, Customer Characteristics, and Customer Activities on In – store Decision Making [J]. Journal of Marketing, 2009, 73 (9): 19 – 29.

[63] Salma K., Guiomar M. H. A Dynamic Model for Advertising and Pricing Competition between National and Store Brands [J]. European Journal of Operational Research, 2009, 193 (2): 451 – 467.

[64] Schwarz Norbert. Metacognitive Experiences in Consumer Judgment and Decision Making [J]. Journal of Consumer Psychology, 2004, 14 (4): 332 – 348.

[65] Sekar Raju, H. Rao Unnava. The Effect of Brand Commitment on the Evaluation of Nonpreferred Brands: A Disconfirmation Process [J]. Journal of Marketing

Research, 2009, 35 (2): 851 –864.

[66] Sriram S. , Subramanian Balachander, Manohar U. Kalwani. Monitoring the Dynamics of Brand Equity Using Store – Level Data [J] . Journal of Marketing, 2007, 71 (4): 61 –78.

[67] Steven S. Posavac, David M. Sanbonmatsu ect. The Brand Positivity Effect: When Evaluation Confers Preferenc [J] . Journal of Consumer Research, 2004, 31 (12): 643 –652.

[68] Stijn M. J. Van Osselare, Joesph W. Alba. Consumer Learning and Brand Equity [J] . Journal of Consumer Research, 2000, 27 (6) : 1 –17.

[69] Thomson Matthew. Human Brands: Investigating Antecedents to Consumers' Strong Attachments to Celebrities [J] . Journal of Marketing, 2006, 70 (7): 104 –119.

[70] Tormala. Zakary L. , Joshua J. Ciarkson. Assimilation and Contrast in ersuasion: The Effects of Source Credibility in Multiple Message Situations [J] . Personality and Social Psychology Bulletin, 2007, 33 (4): 559 –571.

[71] Van der Lans, Ralf, Rik Pieters, et al. Competitive Brand Salience [J] . Marketing Science, 2008, 27 (5): 922 –931.

[72] Van Heerde, Harald J. , Sachin Gupta, et al. Is 75% of the Sales Promotion Bump Due to Brand Switching? No, Only 33% is [J] . Journal of Marketing Research, 2004, 40 (11): 481 –91.

[73] Venkatesh Shankar, Pablo Azar, Matthew Fuller. A Multicategory Brand Equity Model and Its Application at Allstate [J] . Marketing Science, 2008, 27 (4): 567 –584.

[74] Volckner, Franziska, Henrik Sattler. Drivers of Brand Extension Success [J] . Journal of Marketing, 2006, 70 (4): 18 –34.

[75] Yoo B. , Donthu N. , Lee S. An Examination of Se – Lected Marketing Mix Elements and Brand Equity [J] . Journal of the Academy of Marketing Science, 2000, 28 (2): 195 –211.

［76］Yue J. F. , Austin J. , Wang M. C. Coordination of Cooperative Advertising in a Two – Level Supply Chain When Manufacturer Offers Discount ［J］. European Journal of Operational Research, 2006, 168（1）: 65 – 85.

［77］Zhang Hong, Darius K – S. Chan. Self – Esteem as a Source of Evaluative Conditioning ［J］. European Journal of Social Psychology, 2009, 39（6）: 1065 – 1074.

［78］Zhang, Jie, Michel Wedel, et al. Sales Effects of Attention to Feature Advertisements: A Bayesian Mediation Analysis ［J］. Journal of Marketing Research, 2009, 46（10）: 669 – 681.

［79］Philip Kotler, Kevein Lane Keller. 营销管理: 第 13 版 ［M］. 王永贵等译. 上海: 上海人民出版社, 2009.

［80］艾丰, 王静, 张世贤. 中国品牌价值报告 ［M］. 北京: 经济科学出版社, 1997.

［81］白长虹, 范秀成, 甘源. 基于顾客感知价值的服务企业品牌管理 ［J］. 外国经济与管理, 2002（2）: 7 – 13.

［82］邴红艳. 品牌竞争力影响因素分析 ［J］. 中国工程科学, 2002（5）: 79 – 84.

［83］蔡靖杰. 福建农产品品牌竞争力评价 ［D］. 福州: 福建农林大学, 2010.

［84］查建平, 陈中伟, 傅浩. 品牌竞争力核心驱动因素研究 ［J］. 统计与决策, 2009（22）: 170 – 172.

［85］陈晓萍, 徐淑英, 樊景立. 组织与管理研究的实证方法 ［M］. 北京: 北京大学出版社, 2011.

［86］陈衍泰, 陈国宏, 李美娟. 综合评价方法分类及研究进展 ［J］. 管理科学学报, 2004（2）: 69 – 79.

［87］大卫·阿克. 品牌领导 ［M］. 北京: 北京新华出版社, 2001.

［88］丁瑛, 张红霞. 品牌文化测量工具的开发及其信效度检验 ［J］. 南开管理评论, 2010（5）: 115 – 122.

［89］杜栋，庞庆华．现代综合评价方法与案例精选［M］．北京：清华大学出版社，2005．

［90］樊而竣，孙焕琴．品牌营销［M］．北京：中国财政经济出版社，2003：44．

［91］范秀成．品牌权益及其测评体系分析［J］．南开管理评论，2000（1）：9．

［92］菲利普·科特勒，凯文·莱恩·凯勒．营销管理中国版：第13版［M］．卢泰宏，高辉译．北京：中国人民大学出版社，2009．

［93］菲利普·科特勒．营销管理——分析、计划、执行和控制：第9版［M］．上海：上海人民出版社，2000．

［94］符国群．Interbrand 品牌评估法评介［J］．外国经济与管理，1999（11）：37－41．

［95］符国群．关于商标资产研究的思考［J］．武汉大学学报，1999（1）：70－73．

［96］高辉，郝佳，周懿瑾等．"洋名"好，还是"土名"好？——中国仿洋和仿古品牌命名研究［J］．商业经济与管理，2010（10）：61－68．

［97］哈默，普拉哈拉德合．竞争大未来（中译本）［M］．北京：昆仑出版社，1998．

［98］韩中，胡左浩，郑黎超．中国企业自有品牌与贴牌出口选择的影响因素及对出口绩效影响的研究［J］．管理世界，2010（4）：114－124．

［99］何阿秘．企业品牌竞争力评价指标体系构建［J］．重庆科技学院学报（社会科学版），2010（3）：100－102．

［100］何佳讯．中国文化背景下品牌情感的结构及对中外品牌资产的影响效用［J］．管理世界，2008（6）：95－109．

［101］何佳讯．中外企业的品牌资产差异及管理建议——基于CBRQ量表的实证研究［J］．中国工业经济，2006（8）：109－116．

［102］何勇．灰色多层次综合评判模型及应用［J］．系统工程理论与实践，1993，13（4）：72－76．

[103] 贺爱忠．中国零售企业品牌战略管理应处理好的十个决策［J］．经济与管理研究，2005（6）：54 - 57.

[104] 赫尔曼·哈肯．协同学：大自然构成的奥秘［M］．上海：上海译文出版社，2005.

[105] 胡大立，谌飞龙．论品牌竞争力的来源及其形成过程［J］．经济管理，2007（18）：40 - 44.

[106] 胡大立，湛飞龙，吴群．品牌竞争力的生成及其贡献要素优势转化机制分析［J］．科技进步与对策，2005（7）：81 - 83.

[107] 胡大立．企业竞争力论［M］．北京：经济管理出版社，2001.

[108] 黄永春，杨晨．企业自主知识产权名牌运营机理的理论探究——基于品牌竞争力理论［J］．科技进步与对策，2009（3）：29 - 31.

[109] 季六祥．一个全球化的品牌竞争力解析框架［J］．财贸经济，2003（8）：87 - 91.

[110] 季六祥．品牌竞争力战略的全球化定位［J］．中国工业经济，2002（10）：51 - 55.

[111] 季六祥．我国品牌竞争力的弱势成因及治理［J］．财贸经济，2002（7）：58 - 62.

[112] 季六祥．一个全球化的品牌竞争力解析框架［J］．财贸经济，2003（8）：87 - 91.

[113] 蒋璟萍．新经济时代的品牌理论——基于本体论视角的品牌竞争力研究［M］．北京：中国社会科学出版社，2009.

[114] 蒋廉雄，朱辉煌．品牌认知模式与品牌效应发生机制：超越"认知—属性"范式的理论建构［J］．管理世界，2010（9）：95 - 116.

[115] 金碚．竞争力经济学［M］．广州：广东经济出版社，2003.

[116] 金碚．论企业竞争力的性质［J］．中国工业经济，2001（10）：5 - 10.

[117] 金碚．企业竞争力测评的理论与方法［J］．中国工业经济，2003（3）：5 - 13.

[118] 金碚．中国产业发展的道路和战略选择［J］．中国工业经济，2004（7）：5 – 13．

[119] 金碚．中国工业国际竞争力——理论、方法与实证研究［M］．北京：经济管理出版社，1997（6）：1 – 10．

[120] 金碚．中国企业竞争力报告 2008［M］．北京：社会科学文献出版社，2008．

[121] 凯瑟琳·马歇尔等．设计质性研究［M］．王芳慧译．长沙：湖南美术出版社，2008．

[122] 凯文·莱恩·凯勒．战略品牌管理：第 2 版［M］．李乃和等译．北京：中国人民大学出版社，2008．

[123] 凯西·卡麦兹．建构扎根理论：质性研究实践指南［M］．边国英，译．重庆：重庆大学出版社，2009．

[124] 李朝鲜．社会经济统计学［M］．北京：经济科学出版社，2006．

[125] 李光斗．品牌竞争力［M］．北京：中国人民大学出版社，2004．

[126] 李海鹏．中国自主企业品牌竞争力指数模型研究：基于量表开发视角［J］．华东经济管理，2012（6）：140 – 147．

[127] 李杰，余明阳，王琦．品牌竞争力综述［J］．上海交通大学学报，2007（6）：1035 – 1044．

[128] 李培林．构建企业品牌竞争力的战略思考［J］．科技管理研究，2009（2）：263 – 265．

[129] 李雪欣，李海鹏．中国品牌定位理论研究综述［J］．辽宁大学学报（哲学社会科学版），2012（3）：100 – 106．

[130] 刘尔奎．从品牌的价值构成要素谈我国企业品牌评估的方法［J］．经济论坛，1997（11）：17 – 19．

[131] 刘红霞．品牌指数构建、品牌价值评估及其信息揭示研究［M］．北京：经济科学出版社，2011．

[132] 刘石兰．中国企业品牌竞争力亟待提升［J］．软科学，2003（3）：93 – 96．

［133］刘希宋，邓立治. 基于 BP 神经网络的自主品牌创新能力研究［J］. 科技进步与对策，2006（5）：83 – 84.

［134］刘希宋，姜喜龙. 企业创新能力与品牌竞争力关联性理论研究［J］. 科学学研究，2007（3）：557 – 560.

［135］刘迎秋，徐志祥. 中国民营企业竞争力报告 No. 2：品牌与竞争力指数［M］. 北京：社会科学文献出版社，2005.

［136］刘迎秋，张亮，魏政. 中国民营企业"走出去"竞争力 50 强研究［J］. 中国工业经济，2009（2）：5 – 14.

［137］卢泰宏，黄胜兵，罗纪宁. 论品牌资产的定义［J］. 中山大学学报（社会科学版），2000（4）：17 – 19.

［138］陆娟，张振兴，杨青青. 基于品牌联合的食品品牌信任提升研究［J］. 商业经济与管理，2011（1）：76 – 85.

［139］吕芹，霍佳震. 基于制造商和零售商自有品牌竞争的供应链广告决策［J］. 中国管理科学. 2011，19（1）：48 – 54.

［140］罗伯特·F. 德维利斯. 量表编制：理论与应用［M］. 魏勇刚等译. 重庆：重庆大学出版社，2010.

［141］迈克尔·波特，泽维尔·萨拉 – 艾 – 马丁，克劳斯·施瓦布，等. 2007～2008 全球竞争力报告［R］. 杨世伟，高闯等译. 北京：经济管理出版社，2009.

［142］迈克尔·波特. 竞争战略中译本［M］. 北京：华夏出版社，2005.

［143］门登霍尔，辛塞奇等. 统计学：第 5 版［M］. 梁冯珍，关静等译. 北京：机械工业出版社，2009.

［144］孟丽莎，董铧. 基于豪泰林模型的品牌竞争力经济学分析［J］. 中国管理信息化，2009（6）：104 – 106.

［145］潘意刚，陆雄文，褚荣伟. 创建世界级品牌的 8R 模型［J］. 南开管理评论，2012（5）：35 – 38.

［146］邱东. 多指标综合评价方法的系统分析［M］. 北京：中国统计出版社，1991.

［147］沈占波，杜晓静，赵宪军．论品牌竞争力潜力性指标体系构建［J］．商场现代化，2005（8）：56.

［148］沈占波．品牌竞争力的理论基础分析［J］．商业研究，2005（22）：46－48.

［149］沈占波等．论品牌竞争力潜力性指标体系构建［J］．商场现代化，2005（8）：56.

［150］施鹏丽，韩福荣．品牌竞争力的DNA模型解析［J］．北京工业大学学报（社会科学版），2008（2）：23－27.

［151］汪涛，周玲，彭传新，等．讲故事塑品牌：建构和传播故事的品牌叙事理论［J］．管理世界，2011（3）：112－123.

［152］王长征，崔楠．个性消费，还是地位消费——中国人的"面子"如何影响象征型的消费者—品牌关系［J］．经济管理，2011（6）：84－90.

［153］王分棉，林汉川．国际品牌：一个新的概念框架及实证分析［J］．中国工业经济，2011（5）：129－138.

［154］王禄超．模糊综合评判法在评标中的应用研究［J］．建筑技术开发，2005，32（2）：113－115.

［155］王明涛．多指标综合评价中权数确定的离差、均方差决策方法［J］．中国软科学，1999（8）：100－103.

［156］王琦，余明阳．品牌竞争力层级评估模型理论初探［J］．市场营销导刊，2007（12）：54－57.

［157］王永龙.21世纪品牌运营方略［M］．北京：人民邮电出版社，2003：143.

［158］韦燕燕．模糊综合评判法在企业市场适应能力评价中的应用［J］．工业工程，2005，8（2）：101－103.

［159］吴水龙，卢泰宏，苏雯．"老字号"品牌命名研究——基于商务部首批老字号名单的分析［J］．管理学报，2010（12）：1799－1804.

［160］吴泗宗，熊国械．从消费者的品牌需求层次看企业的名牌建设［J］．经济管理，2004（17）：48－52.

［161］武永红，范秀成．顾客价值导向的企业竞争力及其提升策略［J］．中国流通经济，2004（11）：50－53．

［162］徐希燕，曹丽，周滨．规模创新与企业品牌竞争力［J］．经济管理，2007（6）：30－33．

［163］许基南．品牌竞争力研究［D］．南昌：江西财经大学，2004．

［164］许基南．品牌竞争力研究［M］．北京：经济管理出版社，2005．

［165］杨轶．三维财务竞争力指数评价研究［D］．武汉：武汉理工大学，2009．

［166］英特（Interbrand）品牌价值评估官方网站［EB/OL］．http：//www. interbrand. com/zh－CHT/Default. aspx．

［167］于春玲，赵平．品牌资产及其测评中的概念解析［J］．南开管理评论，2003（1）：10－13．

［168］余明阳，戴世富．品牌战略［M］．北京：清华大学出版社，2009．

［169］余明阳，刘春章．品牌竞争力的理论综述及因子分析［J］．市场营销导刊，2006（6）：44－47．

［170］余明阳，罗文军．品牌竞争力［M］．武汉：武汉大学出版社，2008．

［171］张放，朱盈盈，赵春艳．基于生态学的品牌竞争力评价指标筛选［J］．商业时代，2009（20）：32－34．

［172］张放．企业品牌竞争力及其评价研究［D］．武汉：武汉理工大学，2010．

［173］张峰．基于顾客的品牌资产构成研究述评与模型重构［J］．管理学报，2011（4）：552－559．

［174］张辉，白长虹，郝胜宇．品牌资产管理新视角——基于员工的品牌资产研究述评［J］．外国经济与管理，2011（9）：34－42．

［175］张锐，张炎炎，周敏．论品牌的内涵与外延［J］．管理学报，2010（1）：147－158．

［176］张世贤，杨世伟，李海鹏．中国企业品牌竞争力指数系统：理论与实

践 [M]．北京：经济管理出版社，2011（8）：147 - 188.

[177] 张世贤．略论品牌国际竞争力的提高 [J]．南开管理评论，2000
(1)：20 - 23.

[178] 张世贤．论工业品品牌竞争力及其量化分析 [J]．经济导刊，1996
(5)：38 - 44.

[179] 张世贤．品牌价值与品牌价值提高 [J]．中国质量万里行，2000
(7)：12 - 14.

[180] 张世贤．品牌战略 [M]．广州：广东经济出版社，1998.

[181] 张世贤．中国品牌如何提高国际竞争力 [J]．今日浙江，2001（1）：
44 - 45.

[182] 张世贤．忠诚度与中国品牌竞争力 [J]．企业管理，2004（5）：
58 - 61.

[183] 张曙临．品牌价值的实质与来源 [J]．湖南师范大学社会科学学报，
2000，29（2）：38 - 42.

[184] 张维迎．博弈论与信息经济学 [M]．上海：上海三联书店，1996.

[185] 赵红，张晓丹．基于品牌个性维度的品牌定位诊断方法及实证研究
[J]．管理学报，2010（7）：1039 - 1045.

[186] 周玫．基于顾客忠诚的品牌竞争力评价分析 [J]．当代财经，2005
(9)：74 - 76.

[187] 周志民，贺和平，刘雁妮．中国人国货意识的形成机理：基于国家品
牌社群视角 [J]．中国软科学，2010（5）：45 - 56.

[188] 周志民．品牌关系指数模型研究 [D]．广州：中山大学，2003.

# 附　录

## 附录一　中国自主企业品牌竞争力测评量表
## 初试调查问卷

问卷编号：＿＿＿＿＿＿＿

尊敬的先生/女士：

您好！

非常感谢您在百忙之中参与填写这份问卷，本问卷旨在调查企业品牌竞争力的评价指标的重要性。在本问卷中，"品牌"包括产品品牌、企业品牌或集团品牌，即大品牌的概念。以下选项均为企业品牌竞争力评价的参考指标，请您根据企业实践或理论研究的角度对每个指标对于企业品牌竞争力评价的重要性进行打分，请在每项描述后面的五个备选答案中找出最符合您看法的答案，1 分为"非常不重要"，5 分为"非常重要"，并在相应的空格中打"√"。本问卷采用不记名形式填写，调查结果仅用于学术研究，而不会用于任何商业用途，我们保证对您填写的问卷信息进行保密，请您客观填写。问卷完成后，请发送至 E-mail：13478868808@163.com。再次对您的真诚合作致以衷心的感谢！

背景资料调查部分：

（1）您的性别是：

（a）男　　　　　　（b）女

（2）您的年龄是：

（a）30 周岁以下　　（b）30～40 周岁　　（c）41～50 周岁　　（d）50 周岁以上

（3）您的学历是：

（a）大专学历　　　（b）本科学历　　　（c）硕士学历　　　（d）博士学历

（4）您的单位性质是：

（a）国有企业　　　（b）民营企业　　　（c）学会系统　　　（d）科研院校

（5）您的企业当前所处发展阶段是：

（a）初创期　　　　（b）成长期　　　　（c）成熟期　　　　（d）衰退期

（6）您的管理（或科研）经验时长：

（a）3 年以下　　　（b）3～5 年　　　（c）6～10 年　　　（d）10 年以上

问卷 1：对"品牌发展力"子量表的初试调查问卷（请在同意的选项上打√）

| 子维度 | 编号 | 测项名称 | 非常不重要 | 不重要 | 重要 | 比较重要 | 非常重要 |
|---|---|---|---|---|---|---|---|
| 品牌技术创新力 | VAR001 | 品牌质量合格率 | | | | | |
| | VAR002 | 技术创新投资效果系数 | | | | | |
| | VAR003 | 新产品开发速度 | | | | | |
| | VAR004 | 发明专利数 | | | | | |
| | VAR005 | 新产品替代率 | | | | | |
| 品牌战略投资力 | VAR006 | 品牌专项人力资源投入 | | | | | |
| | VAR007 | 技术经费占销售收入的比重 | | | | | |
| | VAR008 | 资金筹措能力 | | | | | |
| | VAR009 | 原料能源筹供力 | | | | | |
| 企业综合能力 | VAR010 | 企业技术支持力 | | | | | |
| | VAR011 | 企业人才支持力 | | | | | |
| | VAR012 | 企业资源支持力 | | | | | |
| | VAR013 | 企业商业模式 | | | | | |

续表

| 子维度 | 编号 | 测项名称 | 非常不重要 | 不重要 | 重要 | 比较重要 | 非常重要 |
|---|---|---|---|---|---|---|---|
| 企业综合能力 | VAR014 | 企业文化支持力 | | | | | |
| | VAR015 | 企业家领导能力 | | | | | |
| 品牌市场营销力 | VAR016 | 营销策略创新能力 | | | | | |
| | VAR017 | 营销渠道拓展能力 | | | | | |
| | VAR018 | 市场营销分析能力 | | | | | |
| | VAR019 | 营销组织管理能力 | | | | | |
| 行业发展潜力 | VAR020 | 政府政策支持度 | | | | | |
| | VAR021 | 行业整体发展潜力 | | | | | |
| | VAR022 | 行业内竞争趋势 | | | | | |
| | VAR023 | 企业战略联盟关系 | | | | | |

问卷2：对"品牌塑造力"子量表的初试调查问卷（请在同意的选项上打√）

| 子维度 | 编号 | 测项名称 | 非常不重要 | 不重要 | 重要 | 比较重要 | 非常重要 |
|---|---|---|---|---|---|---|---|
| 品牌定位精度 | VAR024 | 市场定位度 | | | | | |
| | VAR025 | 产品定位度 | | | | | |
| | VAR026 | 价格定位度 | | | | | |
| | VAR027 | 品牌延伸度 | | | | | |
| 品牌策划能力 | VAR028 | 品牌形象设计 | | | | | |
| | VAR029 | 品牌命名哲学 | | | | | |
| | VAR030 | 品牌个性塑造 | | | | | |
| | VAR031 | 品牌理念内涵 | | | | | |
| | VAR032 | 广告设计策划 | | | | | |
| 品牌运作能力 | VAR033 | 品牌保护能力 | | | | | |
| | VAR034 | 品牌传播效率 | | | | | |
| | VAR035 | 品牌危机处理能力 | | | | | |
| | VAR036 | 品牌战略规划 | | | | | |
| | VAR037 | 品牌文化建设 | | | | | |

| 子维度 | 编号 | 测项名称 | 非常<br>不重要 | 不重要 | 重要 | 比较<br>重要 | 非常<br>重要 |
|---|---|---|---|---|---|---|---|
| 品牌关系<br>能力 | VAR038 | 品牌与政府关系 | | | | | |
| | VAR039 | 品牌社会责任 | | | | | |
| | VAR040 | 品牌与客户关系 | | | | | |
| | VAR041 | 品牌与供应商关系 | | | | | |
| | VAR042 | 品牌与媒体关系 | | | | | |

问卷3：对"品牌支持力"子量表的初试调查问卷（请在同意的选项上打√）

| 子维度 | 编号 | 测项名称 | 非常<br>不重要 | 不重要 | 重要 | 比较<br>重要 | 非常<br>重要 |
|---|---|---|---|---|---|---|---|
| 品牌忠诚度 | VAR043 | 品牌溢价性 | | | | | |
| | VAR044 | 长期购买行为 | | | | | |
| | VAR045 | 品牌偏好性 | | | | | |
| | VAR046 | 缺货忠诚率 | | | | | |
| | VAR047 | 再次购买率 | | | | | |
| | VAR048 | 顾客推荐率 | | | | | |
| 品牌满意度 | VAR049 | 品牌质量满意度 | | | | | |
| | VAR050 | 品牌炫耀性满意度 | | | | | |
| | VAR051 | 品牌形象满意度 | | | | | |
| | VAR052 | 品牌服务满意度 | | | | | |
| 品牌知名度 | VAR053 | 品牌知名状态 | | | | | |
| | VAR054 | 品牌传播评价 | | | | | |
| | VAR055 | 品牌识别系统 | | | | | |
| | VAR056 | 无提示知名度 | | | | | |
| | VAR057 | 提示后知名度 | | | | | |
| 品牌联想度 | VAR058 | 品牌个性联想 | | | | | |
| | VAR059 | 品牌功能联想 | | | | | |
| | VAR060 | 品牌情感联想 | | | | | |

| 子维度 | 编号 | 测项名称 | 非常不重要 | 不重要 | 重要 | 比较重要 | 非常重要 |
|---|---|---|---|---|---|---|---|
| 品牌联想度 | VAR061 | 品牌事件回忆 | | | | | |
| | VAR062 | 企业组织联想 | | | | | |
| 品牌美誉度 | VAR063 | 品牌信任程度 | | | | | |
| | VAR064 | 品牌品质承诺 | | | | | |
| | VAR065 | 品牌认同程度 | | | | | |
| 品牌认知度 | VAR066 | 品牌感知质量 | | | | | |
| | VAR067 | 品牌形象认知度 | | | | | |
| | VAR068 | 品牌符号认知度 | | | | | |
| | VAR069 | 品牌认知层次 | | | | | |

问卷4：对"品牌市场力"子量表的初试调查问卷（请在同意的选项上打√）

| 子维度 | 编号 | 测项名称 | 非常不重要 | 不重要 | 重要 | 比较重要 | 非常重要 |
|---|---|---|---|---|---|---|---|
| 市场占有力 | VAR070 | 市场占有率 | | | | | |
| | VAR071 | 市场覆盖率 | | | | | |
| | VAR072 | 市场渗透率 | | | | | |
| | VAR073 | 新市场拓展能力 | | | | | |
| | VAR074 | 品牌产品销售量 | | | | | |
| 超值获利力 | VAR075 | 品牌溢价率 | | | | | |
| | VAR076 | 品牌资产报酬率 | | | | | |
| | VAR077 | 品牌销售利润率 | | | | | |
| 市场稳定力 | VAR078 | 品牌销售收入增长率 | | | | | |
| | VAR079 | 品牌销售额增长率 | | | | | |
| | VAR080 | 品牌价值变化率 | | | | | |
| | VAR081 | 品牌成长年龄 | | | | | |
| 国际影响力 | VAR082 | 品牌产品出口总额 | | | | | |
| | VAR083 | 品牌产品出口利润率 | | | | | |
| | VAR084 | 品牌产品海外销售比重 | | | | | |

问卷5：对"品牌塑造力"子量表的初试调查问卷（请在同意的选项上打√）

| 子维度 | 编号 | 测项名称 | 非常<br>不重要 | 不重要 | 重要 | 比较<br>重要 | 非常<br>重要 |
|---|---|---|---|---|---|---|---|
| 资本规模力 | VAR085 | 销售收入 | | | | | |
| | VAR086 | 净利润 | | | | | |
| | VAR087 | 净资产 | | | | | |
| 资本增长力 | VAR088 | 近三年净利润增长率 | | | | | |
| | VAR089 | 近三年销售收入增长率 | | | | | |
| 资本效率力 | VAR090 | 净资产利润率 | | | | | |
| | VAR091 | 总资产贡献率 | | | | | |
| | VAR092 | 全员劳动率 | | | | | |

# 附录二　中国自主企业品牌竞争力测评

## ——企业调查问卷

问卷编号：＿＿＿＿＿＿＿＿＿

## 一、调查背景

根据国务院颁发的《国家知识产权战略纲要》（国发〔2008〕18 号）和中国社会科学院"十二五"规划工作安排的精神，中国企业品牌资产的管理要立足于对品牌的创造、运用、保护和管理，通过对企业品牌运营的评价，揭示企业品牌成长的规律，引导企业有效实施品牌战略。

为实现这一目标，中国社会科学院通过重点课题的形式，构建了《中国企业品牌竞争力指数（CBI）》，旨在揭示企业在品牌运营方面的优势和劣势，引导企业加强对品牌资产的培育和利用，增强企业的品牌竞争力。在经过专家的充分论证之后，中国社会科学院和中国市场学会品牌管理委员会决定开展《中国企业品牌竞争力指数》的数据调研工作，指数评价结果会在"中国品牌管理大会"上通过社会科学院蓝皮书的形式予以公布。

请各单位予以支持和配合！

## 二、我们的承诺

课题组关心的是调查问卷的统计分析结果；我们不会向课题组以外的任何人泄露受访企业信息；调查数据不会用于本课题研究以外的任何商业目的。

## 三、问卷填写

拟由受访企业的一位负责同志牵头，研发、质量、企管部门（或负责上述工作的相关部门）参与填写，每个企业限填一份，多填无效。

对于问卷中的选择题（"单选"限选一项，其他问题不限选项），把您所在企业的真实情况或您的看法对应的数字标注出来就可以了；对于填空题，请您把所在企业的相关信息或您的认识填在相应的空格处。

## 四、问卷提交

问卷填写完毕交给课题组。纸质调查问卷寄至：辽宁省沈阳市皇姑区崇山中路 66 号辽宁大学博士公寓 1207 室李海鹏收，邮编 110036；电子版调查问卷 E－mail 至13478868808@163.com。如有疑问，欢迎与课题组联系。

Q. 基本信息

Q1. 本企业的名称是_____

地址是_____

Q2.【单选】本企业所属的行业是：

（1）服装　　　　（2）家电　　（3）房地产　　（4）汽车

（5）商业百货　　（6）酒　　　（7）食品饮料　（8）医药

Q3. 本企业的主营业务是：

_____

_____

Q4.【单选】本企业的性质：

| | | | |
|---|---|---|---|
| 国有或国有控股企业 …………… | 1 | 合伙企业 …………………………… | 5 |
| 有限责任公司 …………………… | 2 | 个体工商户 ……………………… | 6 |
| 股份有限公司 …………………… | 3 | 外商投资企业 …………………… | 7 |
| 个人独资企业 …………………… | 4 | 其他【请注明】_____ | 8 |

Q5. 本企业在册员工总数：

| | 2008 年 | 2009 年 | 2010 年 |
|---|---|---|---|
| 在册员工总数（人） | | | |

Q6. 本企业拥有的品牌名称有哪些？（限列 5 项）

| | | |
|---|---|---|
| | | |
| | | |

Q7. 其中主打品牌的名称是_____

Q8.【单选】本企业主打品牌属于：

| | | | |
|---|---|---|---|
| 国际知名品牌 …………………… | 1 | 区域一般品牌 …………………… | 4 |
| 国内知名品牌 …………………… | 2 | 行业知名品牌 …………………… | 5 |
| 区域知名品牌 …………………… | 3 | | |

F. 企业品牌财务力调查问卷

F1. 请客观填写本企业最近三年的销售收入财务指标

| 指标 | 大前年 | 前年 | 去年 |
| --- | --- | --- | --- |
| 销售收入（百万元） | | | |

F2. 请客观填写本企业最近三年的净资产财务指标

| 指标 | 大前年 | 前年 | 去年 |
| --- | --- | --- | --- |
| 净资产（百万元） | | | |

F3. 请客观填写本企业最近三年的净利润财务指标

| 指标 | 大前年 | 前年 | 去年 |
| --- | --- | --- | --- |
| 净利润（百万元） | | | |

F4. 请客观填写本企业最近三年的总资产财务指标

| 指标 | 大前年 | 前年 | 去年 |
| --- | --- | --- | --- |
| 总资产（百万元） | | | |

F5. 请客观填写本企业最近三年的利润总额财务指标

| 指标 | 大前年 | 前年 | 去年 |
| --- | --- | --- | --- |
| 利润总额（百万元） | | | |

F6. 请客观填写本企业近三年销售收入增长率指标________________

计算公式为：((当年主营业务收入总额/三年前主营业务收入总额)^1/3－1)×100%

F7. 请客观填写本企业近三年净利润增长率指标________________

计算公式为：((当年净利润总额/三年前净利润总额)^1/3－1)×100%

F8. 请客观填写本企业2010年度净资产利润率指标________________

计算公式为：净利润×2/(本年期初净资产＋本年期末净资产)

**F9.** 请客观填写本企业 2010 年度总资产贡献率指标_____

计算公式为：（利润总额 + 税金总额 + 利息支出）/ 平均资产总额 × 100%

**M. 企业品牌市场力调查问卷**

**M1. 请客观填写本企业最近三年的品牌产品销量**

| 指标 | 大前年 | 前年 | 去年 |
|---|---|---|---|
| 销售收入（个） | | | |

**M2. 请客观填写本企业最近三年的市场占有率**

| 指标 | 大前年 | 前年 | 去年 |
|---|---|---|---|
| 市场占有率（%） | | | |

注：市场占有率 = 品牌产品的销量/产品的总销量 × 100%

**M3. 请客观填写本企业最近三年的市场覆盖率**

| 指标 | 大前年 | 前年 | 去年 |
|---|---|---|---|
| 市场覆盖率（%） | | | |

注：市场覆盖率 = 品牌产品的销售区域/总销售区域 × 100%

**M4. 请客观填写本企业最近三年的市场渗透率**

| 指标 | 大前年 | 前年 | 去年 |
|---|---|---|---|
| 市场渗透率（%） | | | |

注：市场渗透率 = 新品牌区域销售额/区域总销售额 × 100%

**M5. 请客观填写本企业最近三年的品牌溢价率**

| 指标 | 大前年 | 前年 | 去年 |
|---|---|---|---|
| 品牌溢价率（%） | | | |

注：品牌溢价率 =（品牌产品价格 – 无品牌产品价格）/无品牌产品价格

**M6.** 请客观填写本企业最近三年的品牌资产报酬率

| 指标 | 大前年 | 前年 | 去年 |
|---|---|---|---|
| 品牌资产报酬率（%） | | | |

注：品牌资产报酬率 = 品牌利润/企业总资产 × 100%。

**M7.** 请客观填写本企业最近三年的品牌销售收入增长率

| 指标 | 大前年 | 前年 | 去年 |
|---|---|---|---|
| 品牌销售收入增长率（%） | | | |

注：品牌销售收入增长率 =（本年度品牌产品的销售收入 – 上年度品牌产品的销售收入）/上年度品牌产品的销售收入 × 100%。

**M8.** 请客观填写本企业最近三年的品牌销售利润增长率

| 指标 | 大前年 | 前年 | 去年 |
|---|---|---|---|
| 品牌销售利润增长率（%） | | | |

注：品牌销售利润增长率 =（本年度品牌产品的盈利率 – 上年度品牌产品的盈利率）/上年度品牌产品的盈利率 × 100%。

**M9.** 请客观填写本企业主打品牌的注册时间：_____

**M10.** 请填写本企业最近三年的海外市场表现指标

| 指标 | 大前年 | 前年 | 去年 |
|---|---|---|---|
| 品牌产品出口总额（万元） | | | |
| 品牌产品出口利润率（%） | | | |
| 品牌产品海外销售比重（%） | | | |

**D. 企业品牌发展潜力调查问卷**

**D1.** 本企业是否有质量检验机构？

| 是 | …………………………… | 1 | 否 | …………………………… | 2 |
|---|---|---|---|---|---|

D2. 本企业拥有专职检验人员的人数是＿＿＿＿＿＿＿＿＿

D3. 本企业产品质量控制执行的是哪种国际标准？

| ISO9000 ················· | 1 | ISO9004 ················· | 3 |
|---|---|---|---|
| ISO9001 ················· | 2 | | |

D4. 本企业最近三年的产品合格率：

| | 大前年 | 前年 | 去年 |
|---|---|---|---|
| 产品合格率（％） | | | |

D5. 最近三年开发的新产品/新服务的数量及其所占销售总量的比重：

| | 大前年 | 前年 | 去年 |
|---|---|---|---|
| 新产品/新服务的数量 | | | |
| 新产品占产品总量的比重（％） | | | |

D6. 【单选】本企业研发机构的性质：

| 内设机构 ················· | 1 | 与外部组织联建 ················· | 3 |
|---|---|---|---|
| 独立核算机构 ················· | 2 | 无专门的研发机构 ················· | 4 |

D7. 本企业 2010 年度研发人员构成：

| 学历<br>类别 | 硕士研究生及以上 | 本科 | 专科及以下 |
|---|---|---|---|
| 研发人员数量 | | | |
| 其中：高级职称 | | | |
| 　　　中级职称 | | | |
| 　　　一般技术人员 | | | |

D8. 本企业 2010 年申请的专利数量是_____。本企业现有的专利保有量是_____。

D9. 本企业最近三年的研发经费和其占销售收入比重：

|  | 大前年 | 前年 | 去年 |
|---|---|---|---|
| 研发经费（万元） |  |  |  |
| 占销售收入比重（%） |  |  |  |

D10. 从企业的技术人才储备、技术硬件设备、技术经费投入等方面衡量企业技术支持力，评分标准分为五级。

| 很强 | 强 | 一般 | 弱 | 很弱 |
|---|---|---|---|---|
| 5 | 4 | 3 | 2 | 1 |

D11. 从企业的品牌管理专项人才、品牌服务人才、品牌策划人才等人才储备方面衡量企业人才支持力，评分标准分为五级。

| 很强 | 强 | 一般 | 弱 | 很弱 |
|---|---|---|---|---|
| 5 | 4 | 3 | 2 | 1 |

D12. 通过企业的社会资源、资金实力、物质储备等来评估企业资源支持力，评分标准分为五级。

| 很强 | 强 | 一般 | 弱 | 很弱 |
|---|---|---|---|---|
| 5 | 4 | 3 | 2 | 1 |

D13. 从中央到地方的产业支持政策角度评价政府政策对本行业支持度，评分标准分为五级。

| 很强 | 强 | 一般 | 弱 | 很弱 |
|---|---|---|---|---|
| 5 | 4 | 3 | 2 | 1 |

D14. 主要考虑本行业与其他行业相比的发展空间和前景，以此视角评价本企业所在行业发展趋势，评分标准分为五级。

| 很强 | 强 | 一般 | 弱 | 很弱 |
|------|------|------|------|------|
| 5 | 4 | 3 | 2 | 1 |

D15. 主要从行业内部同类企业同质化竞争程度来评价本企业所在行业内竞争趋势，评分标准分为五级。

| 很强 | 强 | 一般 | 弱 | 很弱 |
|------|------|------|------|------|
| 5 | 4 | 3 | 2 | 1 |

C. 企业品牌塑造力调查问卷

C1. 以下关于品牌定位的描述，您认为本企业在该指标上的得分分别为多少？请您用 1~5 分制进行打分。

| 品牌定位 | 很强 | 强 | 一般 | 弱 | 很弱 |
|------|------|------|------|------|------|
| 品牌个性鲜明 | 5 | 4 | 3 | 2 | 1 |
| 品牌定位满足消费者需求 | 5 | 4 | 3 | 2 | 1 |
| 品牌定位表明了企业的竞争范畴 | 5 | 4 | 3 | 2 | 1 |
| 品牌定位明确了企业的竞争优势 | 5 | 4 | 3 | 2 | 1 |

C2. 以下关于品牌定位的描述，以下三个方面的明确性请您用 1~5 分制进行打分。

| 品牌定位 | 很明确 | 明确 | 一般 | 不明确 | 很不明确 |
|------|------|------|------|------|------|
| 市场定位 | 5 | 4 | 3 | 2 | 1 |
| 产品定位 | 5 | 4 | 3 | 2 | 1 |
| 价格档次定位 | 5 | 4 | 3 | 2 | 1 |

C3. 从品牌的行业内相关延伸和行业外不相关延伸两方面评价，评分标准分

为五级。

| 品牌延伸 | 很明确 | 明确 | 一般 | 不明确 | 很不明确 |
|---|---|---|---|---|---|
| 行业内相关延伸 | 5 | 4 | 3 | 2 | 1 |
| 行业外不相关延伸 | 5 | 4 | 3 | 2 | 1 |

C4. 从品牌的命名、文化内涵、理念、风格等方面进行评价品牌个性，评分标准分为五级，请您用 1~5 分制进行打分。

| 品牌个性 | 很明确 | 明确 | 一般 | 不明确 | 很不明确 |
|---|---|---|---|---|---|
| 品牌的命名 | 5 | 4 | 3 | 2 | 1 |
| 文化内涵 | 5 | 4 | 3 | 2 | 1 |
| 品牌理念 | 5 | 4 | 3 | 2 | 1 |
| 品牌风格 | 5 | 4 | 3 | 2 | 1 |
| 品牌个性 | 5 | 4 | 3 | 2 | 1 |

C5. 从品牌名称、品牌标识、品牌包装、品牌色彩等衡量品牌形象设计，评分标准分为五级，请您用 1~5 分制进行打分。

| 品牌个性 | 很明确 | 明确 | 一般 | 不明确 | 很不明确 |
|---|---|---|---|---|---|
| 品牌名称 | 5 | 4 | 3 | 2 | 1 |
| 品牌标识 | 5 | 4 | 3 | 2 | 1 |
| 品牌包装 | 5 | 4 | 3 | 2 | 1 |
| 品牌色彩 | 5 | 4 | 3 | 2 | 1 |
| 品牌形象设计 | 5 | 4 | 3 | 2 | 1 |

C6. 关于品牌保护，以下说法符合本企业的是：

| 注册了防御品牌 …………………………… | 1 | 没有进行品牌保护 …………………… | 2 |
|---|---|---|---|

C7. 从品牌注册、专利保护等视角衡量，您觉得本企业的品牌保护能力如何？评分标准分为五级。

| 很强 | 强 | 一般 | 弱 | 很弱 |
|---|---|---|---|---|
| 5 | 4 | 3 | 2 | 1 |

C8. 从品牌沟通、分销状况、广告费用投入衡量品牌传播能力,评分标准分为五级。

| 品牌传播能力 | 很强 | 强 | 一般 | 弱 | 很弱 |
|---|---|---|---|---|---|
| 品牌沟通能力 | 5 | 4 | 3 | 2 | 1 |
| 分销渠道拓展能力 | 5 | 4 | 3 | 2 | 1 |
| 广告费用投入力度 | 5 | 4 | 3 | 2 | 1 |

C9. 关于品牌危机处理,以下说法符合本企业的是:

| 组建了危机公关管理机构 ………… | 1 | 确立处理实施规则 ………… | 3 |
|---|---|---|---|
| 建立了危机警报体系 ………… | 2 | 构建了媒体沟通关系,定期给相关媒体邮寄相关材料 | 4 |

C10. 【单选】本企业常用的品牌纠纷解决方法是?

| 协商或调解 ………… | 1 | 司法诉讼 ………… | 3 |
|---|---|---|---|
| 行政投诉 ………… | 2 | 其他【请注明】_____ | 4 |

C11. 您觉得本企业的品牌危机处理能力如何?

| 很强 | 强 | 一般 | 弱 | 很弱 |
|---|---|---|---|---|
| 5 | 4 | 3 | 2 | 1 |

C12. 以下关于品牌文化的描述,您认为本企业在该指标上的得分分别为多少?请您用 1~5 分制进行打分。

| | 品牌文化建设 | 打分 | | | | |
|---|---|---|---|---|---|---|
| 1. | 有明确的组织体系作保障 | 5 | 4 | 3 | 2 | 1 |
| 2. | 有总体规划与计划 | 5 | 4 | 3 | 2 | 1 |
| 3. | 与制度流程有效结合 | 5 | 4 | 3 | 2 | 1 |
| 4. | 有效的宣导手段与工具 | 5 | 4 | 3 | 2 | 1 |
| 5. | 能够对员工工作明确的落地指导 | 5 | 4 | 3 | 2 | 1 |
| 6. | 有完善的目标控制与考核体系 | 5 | 4 | 3 | 2 | 1 |
| 7. | 品牌标识是建立在对企业核心理念、价值和企业文化的提炼上 | 5 | 4 | 3 | 2 | 1 |
| 8. | 品牌标识清晰、无歧义 | 5 | 4 | 3 | 2 | 1 |
| 9. | VI 构建和广告宣传具有延续性 | 5 | 4 | 3 | 2 | 1 |

C13. 从品牌与政府相关部门接触频次、受支持关注程度衡量，评分标准分为五级，您觉得本企业的品牌与政府关系如何？

| 很强 | 强 | 一般 | 弱 | 很弱 |
|---|---|---|---|---|
| 5 | 4 | 3 | 2 | 1 |

C14. 从企业与客户沟通渠道、沟通方式以及沟通效果评价，评分标准分为五级，您觉得本企业的品牌与客户关系如何？

| 很强 | 强 | 一般 | 弱 | 很弱 |
|---|---|---|---|---|
| 5 | 4 | 3 | 2 | 1 |

C15. 【单选】本企业是否披露企业社会责任相关事项？

| 编制企业社会责任报告 ……………… | 1 | 其他【请注明】_____ | 3 |
|---|---|---|---|
| 在报表附注中披露相关信息 ……………… | 2 | 从未有任何形式的披露 ……………… | 4 |

C16. 企业有没有通过以下认证？

| | | | |
|---|---|---|---|
| 通过了 ISO14000（环境管理体系标准）认证 ………… | 1 | | |
| 通过了 ISO18000（职业安全卫生管理系统标准）认证 | 2 | 其他【请注明】 _____ | 4 |
| 通过了 SA8000（社会责任标准）认证 ………… | 3 | 没有通过任何认证 ………… | 5 |

C17. 本企业的社会责任支出与绩效如何？

| 项目 | 2008 年 | 2009 年 | 2010 年 |
|---|---|---|---|
| 上缴税费总额（万元） | | | |
| 环保总投入（万元） | | | |
| 公益事业捐赠额（万元） | | | |

C18. 从环保、公益、质量安全等投入程度等衡量，您觉得本企业的品牌社会责任如何？

| 很强 | 强 | 一般 | 弱 | 很弱 |
|---|---|---|---|---|
| 5 | 4 | 3 | 2 | 1 |

# 附录三 中国自主企业品牌竞争力测评
## ——消费者调查问卷

问卷编号：_____

首先感谢您在百忙之中填写本问卷，我们现在正在进行企业品牌竞争力指数研究，需要您就以下问题做出回答，您的意见对我们非常重要。答案没有优劣正误之分，请您按照您的真实想法放心填答，我们保证问卷结果仅供研究之用。非常感谢您的合作！

Q1. 请填写您最关注的企业品牌名称：_____

Q2. 您对该品牌熟悉程度如何？

| 很熟悉 | 熟悉 | 一般 | 不熟悉 | 很不熟悉 |
|---|---|---|---|---|
| 5 | 4 | 3 | 2 | 1 |

Q3. 您觉得该品牌的形象如何？

| 优秀 | 良好 | 一般 | 较差 | 很差 |
|---|---|---|---|---|
| 5 | 4 | 3 | 2 | 1 |

Q4. 请从以下几个方面为该品牌打分

|  |  | 分值 | | | | |
|---|---|---|---|---|---|---|
| 1 | 品牌名称 | 5 | 4 | 3 | 2 | 1 |
| 2 | 品牌标识 | 5 | 4 | 3 | 2 | 1 |
| 3 | 品牌包装 | 5 | 4 | 3 | 2 | 1 |
| 4 | 品牌色彩 | 5 | 4 | 3 | 2 | 1 |

Q5. 您觉得该品牌符合以下哪种情况？

| 行业知名品牌 ………………………… | 01 | 国内知名品牌 ………………………… | 04 |
|---|---|---|---|
| 区域一般品牌 ………………………… | 02 | 国际知名品牌 ………………………… | 05 |
| 区域知名品牌 ………………………… | 03 | | |

Q6. 您认为该品牌的传播符合以下哪种情况？

| 没有传播 ………………………… | 01 | 经常传播 ………………………… | 04 |
|---|---|---|---|
| 偶尔传播 ………………………… | 02 | 持续传播 ………………………… | 05 |
| 一般传播 ………………………… | 03 | | |

**Q7. 您是否知道以下内容，请用 1 ~ 5 分制进行打分。**

| | | 分值 | | | | |
|---|---|---|---|---|---|---|
| 1 | 该品牌所属公司名称 | 5 | 4 | 3 | 2 | 1 |
| 2 | 该品牌所属公司标识 | 5 | 4 | 3 | 2 | 1 |
| 3 | 该品牌所属公司口号 | 5 | 4 | 3 | 2 | 1 |
| 4 | 该品牌所属公司文化 | 5 | 4 | 3 | 2 | 1 |

**Q8. 您觉得该品牌的知名度如何？**

| 很有名 | 有名 | 一般 | 不出名 | 很不出名 |
|---|---|---|---|---|
| 5 | 4 | 3 | 2 | 1 |

**Q9. 您是否信任该品牌？**

| 非常信任 | 比较信任 | 一般信任 | 不太信任 | 非常不信任 |
|---|---|---|---|---|
| 5 | 4 | 3 | 2 | 1 |

**Q10. 您对该品牌认同如何？**

| 非常认同 | 比较认同 | 一般认同 | 较小认同 | 决不认同 |
|---|---|---|---|---|
| 5 | 4 | 3 | 2 | 1 |

**Q11. 您认为该品牌的品质如何？**

| 品质超值 | 品质优秀 | 品质一般 | 品质较差 | 品质恶劣 |
|---|---|---|---|---|
| 5 | 4 | 3 | 2 | 1 |

**Q12. 您对该品牌是否满意？**

|   |           | 分值 | | | | |
|---|-----------|------|------|------|------|------|
|   |           | 很满意 | 满意 | 一般 | 不满意 | 很不满意 |
| 1 | 品牌产品质量 | 5 | 4 | 3 | 2 | 1 |
| 2 | 品牌产品外观 | 5 | 4 | 3 | 2 | 1 |
| 3 | 品牌产品体验 | 5 | 4 | 3 | 2 | 1 |
| 4 | 品牌社会责任 | 5 | 4 | 3 | 2 | 1 |

Q13. 您对该品牌服务是否满意？

|   |        | 分值 | | | | |
|---|--------|------|------|------|------|------|
|   |        | 很满意 | 满意 | 一般 | 不满意 | 很不满意 |
| 1 | 销售服务 | 5 | 4 | 3 | 2 | 1 |
| 2 | 售后服务 | 5 | 4 | 3 | 2 | 1 |

Q14. 相比同类产品均价，您愿意为该品牌多付的价格比例是？

| 比同类产品价格高5%以下 …………… | 01 | 比同类产品价格高30%以上 ………… | 05 |
|---|---|---|---|
| 比同类产品价格高5%～10% ………… | 02 | | |
| 比同类产品价格高11%～20% ……… | 03 | | |
| 比同类产品价格高21%～30% ……… | 04 | | |

Q15. 在购买此类产品时，您是否会优先选择该品牌？

| 一定会 | 可能会 | 一般 | 不会 | 肯定不会 |
|---|---|---|---|---|
| 5 | 4 | 3 | 2 | 1 |

Q16. 再次购买此类产品时，您是否还会选择该品牌？

| 一定会 | 可能会 | 一般 | 不会 | 肯定不会 |
|---|---|---|---|---|
| 5 | 4 | 3 | 2 | 1 |

Q17. 您多次购买该品牌产品的可能性？

| 一定会 | 可能会 | 一般 | 不会 | 肯定不会 |
|---|---|---|---|---|
| 5 | 4 | 3 | 2 | 1 |

Q18. 您向其他人推荐该品牌的可能性？

| 一定会 | 可能会 | 一般 | 不会 | 肯定不会 |
|---|---|---|---|---|
| 5 | 4 | 3 | 2 | 1 |

Q19. 您曾经向多少个人推荐过该品牌？ _____人

Q20. 您有没有遇到本品牌缺货的情况？

| 有 ……………………………… | 01 | 没有 ……………………………… | 02 |
|---|---|---|---|

Q21. 在该品牌缺货的情况下，您是否愿意等待？

| 很愿意 | 愿意 | 一般 | 不愿意 | 很不愿意 |
|---|---|---|---|---|
| 5 | 4 | 3 | 2 | 1 |

Q22. 您认为该品牌在以下几个方面表现如何？

|  |  | 分值 | | | | |
|---|---|---|---|---|---|---|
|  |  | 很好 | 好 | 一般 | 差 | 很差 |
| 1 | 产品的外观 | 5 | 4 | 3 | 2 | 1 |
| 2 | 产品与服务的质量 | 5 | 4 | 3 | 2 | 1 |
| 3 | 品牌产品功能 | 5 | 4 | 3 | 2 | 1 |
| 4 | 给您带来的利益 | 5 | 4 | 3 | 2 | 1 |

Q23. 对于该品牌的个性，您是否同意以下说法？

| | | 分值 | | | | |
|---|---|---|---|---|---|---|
| | | 非常同意 | 同意 | 一般 | 不同意 | 非常不同意 |
| 1 | 科技含量高 | 5 | 4 | 3 | 2 | 1 |
| 2 | 健康 | 5 | 4 | 3 | 2 | 1 |
| 3 | 时尚 | 5 | 4 | 3 | 2 | 1 |
| 4 | 服务好 | 5 | 4 | 3 | 2 | 1 |

Q24. 关于品牌独特性，请您从以下几个方面做出评价？

| | | 分值 | | | | |
|---|---|---|---|---|---|---|
| | | 很好 | 好 | 一般 | 差 | 很差 |
| 1 | 品牌符号独特性 | 5 | 4 | 3 | 2 | 1 |
| 2 | 产品独特性 | 5 | 4 | 3 | 2 | 1 |
| 3 | 服务独特性 | 5 | 4 | 3 | 2 | 1 |
| 4 | 情感功能 | 5 | 4 | 3 | 2 | 1 |

Q25. 看到该品牌，您是否会联想到以下内容？

| | | 分值 | | | | |
|---|---|---|---|---|---|---|
| | | 很可能 | 可能 | 一般 | 不可能 | 肯定不可能 |
| 1 | 企业形象 | 5 | 4 | 3 | 2 | 1 |
| 2 | 产品形象 | 5 | 4 | 3 | 2 | 1 |
| 3 | 品牌形象 | 5 | 4 | 3 | 2 | 1 |
| 4 | 文化形象 | 5 | 4 | 3 | 2 | 1 |
| 5 | 领导者个人形象 | 5 | 4 | 3 | 2 | 1 |

# 附录四 中国企业品牌竞争力指标权重体系

| 一级指标 | 代码 | 权重（%） | 二级指标 | 代码 | 权重（%） | 三级指标 | 代码 | 权重（%） |
|---|---|---|---|---|---|---|---|---|
| 品牌资本力 | A | 30 | 规模要素 | A1 | 40 | 销售收入 | A11 | 40 |
| | | | | | | 净资产 | A12 | 35 |
| | | | | | | 净利润 | A13 | 25 |
| | | | 增长因素 | A2 | 30 | 近三年销售收入增长率 | A21 | 35 |
| | | | | | | 近三年净利润增长率 | A22 | 65 |
| | | | 效率因素 | A3 | 30 | 净资产利润率 | A31 | 55 |
| | | | | | | 总资产贡献率 | A32 | 45 |
| 品牌市场力 | M | 20 | 市场占有力 | M1 | 45 | 市场占有率 | M11 | 50 |
| | | | | | | 市场覆盖率 | M12 | 30 |
| | | | | | | 市场渗透率 | M13 | 20 |
| | | | 超值获利能力 | M2 | 35 | 品牌溢价率 | M21 | 65 |
| | | | | | | 品牌资产报酬率 | M22 | 35 |
| | | | 市场稳定性 | M3 | 20 | 品牌销售收入增长率 | M31 | 30 |
| | | | | | | 品牌销售利润增长率 | M32 | 30 |
| | | | | | | 品牌成长年龄 | M33 | 40 |
| 品牌发展力 | D | 10 | 品牌技术创新力 | D1 | 45 | 品牌质量合格率 | D11 | 35 |
| | | | | | | 新产品开发速度 | D12 | 35 |
| | | | | | | 研发费用占销售收入的比重 | D13 | 30 |
| | | | 企业综合能力 | D2 | 30 | 企业技术支持力 | D21 | 45 |
| | | | | | | 企业人才支持力 | D22 | 30 |
| | | | | | | 企业资源支持力 | D23 | 25 |
| | | | 行业发展潜力 | D3 | 25 | 政府政策支持度 | D31 | 50 |
| | | | | | | 行业发展趋势 | D32 | 30 |
| | | | | | | 行业内竞争趋势 | D33 | 20 |

续表

| 一级指标 | 代码 | 权重（%） | 二级指标 | 代码 | 权重（%） | 三级指标 | 代码 | 权重（%） |
|---|---|---|---|---|---|---|---|---|
| 品牌塑造力 | C | 15 | 品牌策划能力 | C1 | 40 | 品牌定位精度 | C11 | 35 |
| | | | | | | 品牌延伸广度 | C12 | 25 |
| | | | | | | 品牌个性塑造 | C13 | 20 |
| | | | | | | 品牌形象设计 | C14 | 20 |
| | | | 品牌运作能力 | C2 | 30 | 品牌保护能力 | C21 | 40 |
| | | | | | | 品牌传播能力 | C22 | 30 |
| | | | | | | 品牌危机处理能力 | C23 | 30 |
| | | | 品牌关系能力 | C3 | 30 | 品牌与政府关系 | C31 | 45 |
| | | | | | | 品牌社会责任 | C32 | 30 |
| | | | | | | 品牌与客户关系 | C33 | 25 |
| 品牌支持力 | S | 25 | 品牌忠诚度 | S1 | 70 | 品牌溢价性 | S11 | 35 |
| | | | | | | 品牌偏好性 | S12 | 25 |
| | | | | | | 顾客推荐率 | S13 | 25 |
| | | | | | | 缺货忠诚率 | S14 | 15 |
| | | | 品牌满意度 | S2 | 20 | 品牌品质满意度 | S21 | 35 |
| | | | | | | 品牌心理满意度 | S22 | 35 |
| | | | | | | 品牌服务满意度 | S23 | 30 |
| | | | 品牌联想度 | S3 | 10 | 品牌功能联想 | S31 | 40 |
| | | | | | | 品牌个性联想 | S32 | 35 |
| | | | | | | 品牌组织联想 | S33 | 25 |

注：在确定企业品牌竞争力评估指标基础上，主观法主要以层次分析法 AHP 为基础，客观法主要采用功效系数法，取两者平均数并将所得权重系数尾数以 0 或 5 增减原则。

# 后　记

青灯蓝卷，暮鼓晨钟，辛勤的付出终于换来博士论文的升级，这对于我来说意味着二十二载求学生涯的结束，同时也是自己对于学术研究求索的新起点。不惑之年，对于给予我关怀和帮助的亲人和朋友表示衷心的感谢。首先感谢我的导师李雪欣教授，在我求知、科研的路上，给予我无穷的关怀与教诲。在博士学习和科研过程中，辽宁大学博士生导师唐晓华教授、刘力刚教授，首都经贸大学高闯教授在论文构思、修改方面也提出了很多宝贵建议，中国社会科学院杨世伟教授对我的研究方向及本书出版给予很多宝贵指导建议，国内外品牌研究学者的宝贵理论成果为本书奠定了理论基础，在此一并感谢。

多年来我一直关注中国品牌的发展，并致力于开发一套对标国际标准和适应中国情境的品牌管理理论体系。因此，如何科学化、系统化、本土化测评中国自主企业品牌竞争力是本书的核心问题。本书在五个方面展开对品牌竞争力测评的探索：①由单一要素决定论向多元要素综合论转变的测评视角探索；②由财务静态表现指标向非财务动态解释指标转变的测评内容探索；③由多层次加权分析向多变量结构分析转变的测评机理探索；④由西方既有成果引入向中国情境理论创新的测评情境探索；⑤由品牌资产绝对值向品牌竞争力指数相对值转变的测评方法探索。本书从质性研究和实证的角度讨论了从品牌发展力、品牌塑造力、品牌支持力、品牌市场力和品牌资本力的五个角度对企业品牌竞争力的机理进行的分析，构建了中国企业品牌竞争力指数评价体系，得出的品牌竞争力"五力模型"可以广泛应用于品牌建设实践中。随着我国综合实力的提升，中国将有一批品牌走向世界，本人将更加深入跟进中国品牌建设和评价的理论探索与实践应用。

　　最后，我要特别感谢我的父母近四十年的养育之恩，感谢各位亲人对我的支持、关爱和鼓励，尤其是在我博士论文写作期间出生的"龙宝宝"——我的儿子李嘉正，你是上天赐给我的珍贵礼物，你永远是我奋斗的动力！

李海鹏

2021 年 5 月